2009年東京シンポジウムの記録

古代山城 鞠智城を考える

監修 Sasayama Haruo 笹山晴生

山川出版社

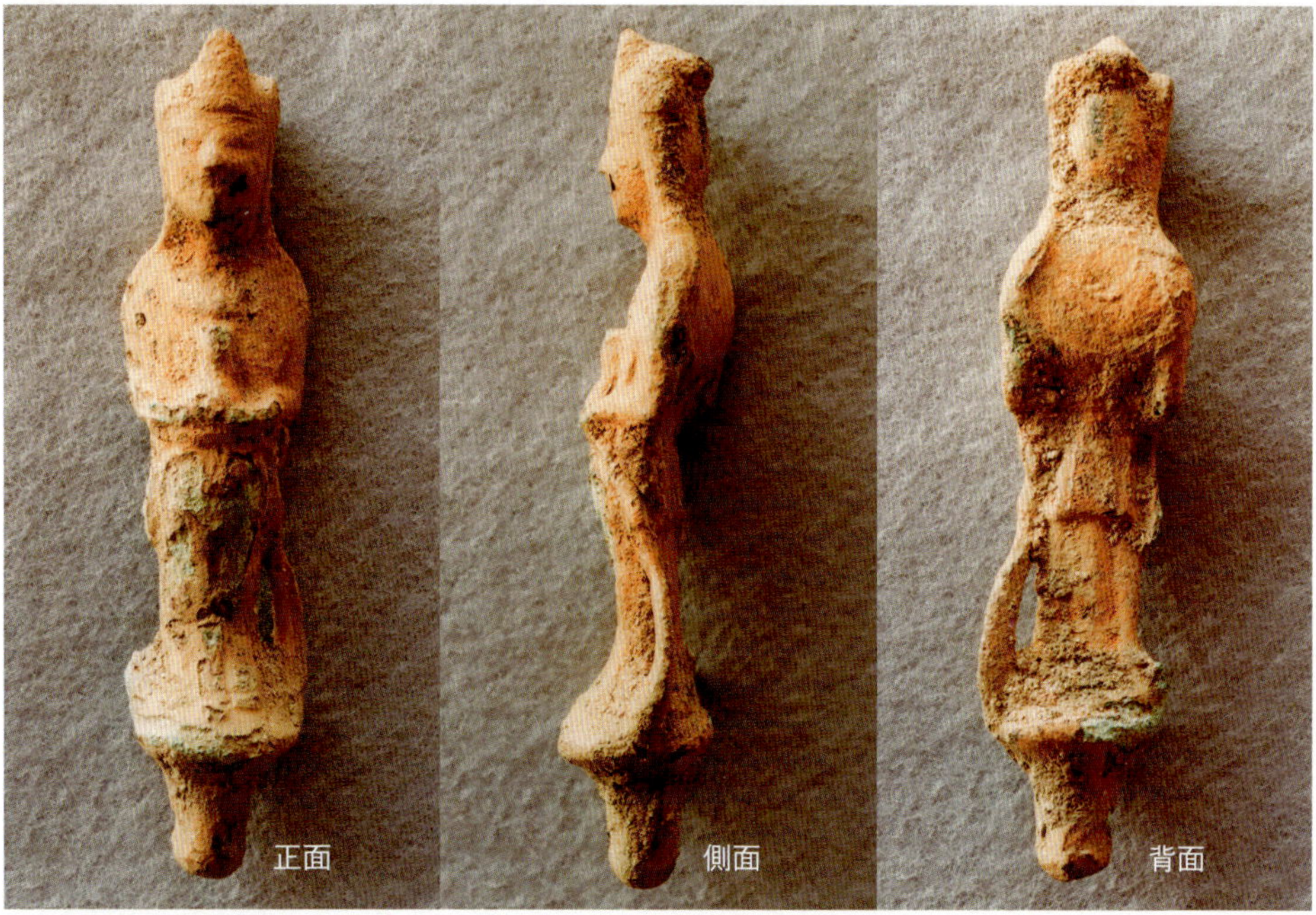

1 百済《くだら》系菩薩《ぼさつ》立像《りゅうぞう》

平成20(2008)年10月23日，貯水池跡の池尻部(池の端)で出土。鞠智城の築城に，大野《おおの》城や基肄《きい》城と同じく百済人の技術者が加わっていたことを示唆するもので，鞠智城の築城の年代や背景を物語る重要な遺物となった。

菩薩立像出土状況
貯水池跡の池尻部，最下層の堆積土から出土した。仏像は，頭部を西に向けて，仰向けの状態であった。右の天衣は欠損しており，仏像の台座は見つかっていない。

2 鞠智城の景観
城域は，台地縁を走行する痩せ馬地形の土塁《どるい》線と，急峻な崖線で囲繞された55haの範囲である。熊本県では，昭和42(1967)年度から発掘調査を行い，合わせて平成6(1994)年度から整備事業に取り組んでいる。

③復元建物　八角形鼓楼《ころう》(32号建物跡)

平成 3 (1991) 年度の調査で八角形建物跡が検出された。南北 2 箇所に分かれて存在し，両建物跡の間隔は約50m。南側の32号建物跡は直径9.2mの範囲で，心柱《しんばしら》を中心に柱が三重に巡る。この南側の建物を三層造りの鼓楼として復元した。

南側の八角形建物跡

4 復元建物　米倉（20号建物跡）

総柱の20号礎石建物跡（写真下，右端）を校倉造《あぜくらづくり》の米倉として復元した（写真上）。3間×4間で，梁行7.2m，桁行9.6m。西側の桁行からは，南北の長さ13m，東西の幅6.0mの範囲で，154片の瓦が出土した。

5復元建物　兵舎(16号建物跡)

大型の掘立柱建物跡が，3棟検出された(写真下)。2時期に分かれ，当初は1棟(18号)で，建て替え時期に2棟(16・17号)となった。側柱《がわばしら》のみの長方形建物跡で，兵舎と推定された。復元した16号建物跡は，3間×10間で，梁行7.8 m，桁行26.5 m(写真上)。

6 鞠智城の外郭線

鞠智城跡の真の城域と見なされる「内城地区」は，全長3.5km。崖線と土塁《どるい》線で囲繞される。南側ラインの一部は，最近の調査で，崖線と土塁線の重複した造りになっていることが判明した。

7 池ノ尾門跡(左)・深迫門跡《ふかさこもん》(右)

門礎石が残る深迫・堀切・池ノ尾の3箇所に城門が推定される。いずれも城域の南側に位置し，深迫門跡では版築《はんちく》土塁，池ノ尾門跡では水門が確認された。堀切門跡が正門と考えられる。

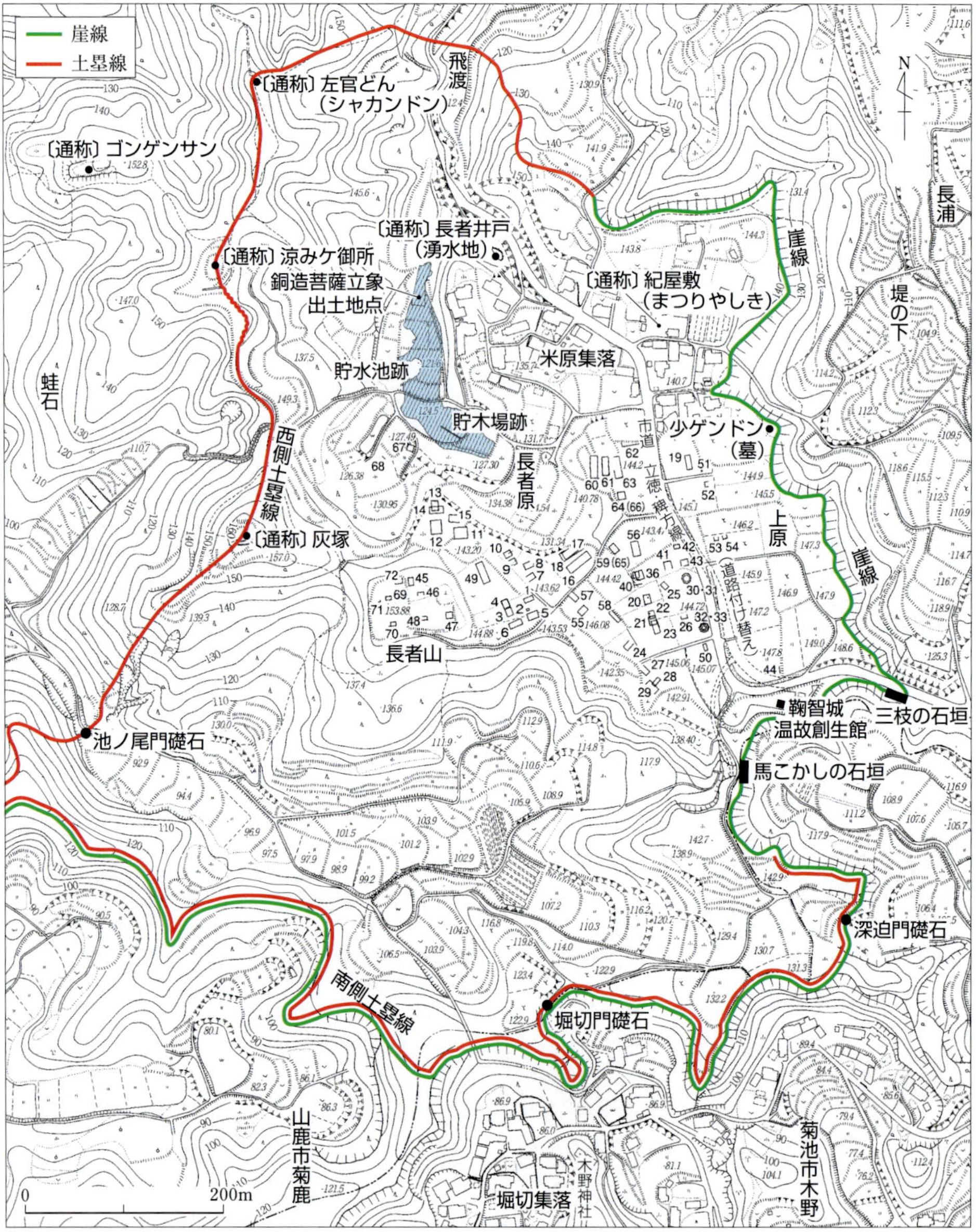

8 鞠智城跡全体図

城域は，八方ケ岳《やほうがたけ》山系から南下する丘陵が，急激に高さを減じる地形の一大変化点にある。建物遺構が集中する長者原《ちょうじゃばる》地区は，中心の標高145m。南側下の菊池平野との比高差は100mとなる。北側の谷部には貯水池跡がある。

刊行にあたって

「鞠智城《きくちじょう》」とはどこにある城か。ご存知ない方も多いことでしょう。九州、熊本県にあるこの古代の山城は、国の史跡に指定されて六年、一般にはまだなじみの少ない山城です。

鞠智城が築かれたのは、西暦七世紀後半のことと推定されます。六六三年、朝鮮の白村江《はくすきのえ》で唐《とう》・新羅《しらぎ》の連合軍に敗れた倭《わ》（日本）は、唐・新羅の侵攻を恐れ、対馬《つしま》や壱岐《いき》に防人《さきもり》や烽《とぶひ》を置くとともに、亡命してきた百済《くだら》人の技術者の指導のもとに、大野城《おおの》（福岡県）・基肄城《きい》（佐賀県）などの城を築きました。これらの城は、山頂の周囲に土塁《どるい》をめぐらし、谷間を石垣で埋め、水門を設け、内部に倉庫などの礎石《そせき》建物を配置した、いわゆる朝鮮式山城でした。

鞠智城については、六九八年に修理を命じた記録があるのが文献上の初見で、正確な築城年時は不明です。しかしその立地や、近年めざましく進んだ発掘調査の成果などから、それが大野城や基肄城と共通する朝鮮式山城で、やはり七世紀後半に百済人の指導のもとに築かれた城であろうと考えられるようになりました。

熊本県では鞠智城の発掘調査を進めるとともに史跡としての整備を進め、周知にも努めてきました。そうしたなかで、鞠智城の史跡としての特質はどこにあるのか、それをどのように今後の調査と整備に生かしていくのかが、あらためて大きな課題となってきつつあります。そこで、鞠智城についての研究成果を少しでも多くの方々に知っていただき、鞠智城のもつ問題点について考えていただきたいと思い、熊本県・熊本県教育委員会の主催で東京でシンポジウムを開くことを企画しました。参加者を募集したところ、思いのほかに多数の申込みがあり、急遽会場を変更したほどでした。

平成二十一（二〇〇九）年七月二十五日、暑い一日であったにもかかわらず、当日は古代史の研究者や文化財関係の方々を含む多数の方々がご来場くださり、講演や発表、討論に熱心に耳を傾けてくださいました。その後、このシンポジウムの成果を記録にとどめるとともに、鞠智城に関心をもつ方々への手引きともなる書物をつくることが企画され、私が監修の役をお引き受けすることになりました。戦争中の一時期熊本に住み、肥後の山野を跋渉した体験をもつ私は、喜んでこの仕事をお引き受けいたしました。

この書物は、シンポジウム当日の講演や発表、パネルディスカッションの内容に補訂を加え、さらに鞠智城や古代山城関係の史料や年表、図版などを集成したものです。この書物の刊行によって鞠智城の史跡としての価値がより正確に認識され、その重要性が認められることを期待いたしたいと思います。

当日、発表や討論に参加された方々には、本をまとめるにあたってあらためてお力を煩わしました。とりわけ熊本県立装飾古墳館館長の大田幸博氏、熊本県教育庁文化課の木崎康弘氏には、編集作業全般や図版の選定、解説などに格別のご助力を頂きました。記して感謝の意を表したいと思います。

平成二十二年九月三十日

笹山晴生

目次

関連資料

古代山城　鞠智城を考える——二〇〇九年東京シンポジウムの記録

挨　拶

本日は、ご多用中にもかかわらず、鞠智城東京シンポジウム「古代山城　鞠智城を考える」に、多数の皆様にご参加いただき、誠にありがとうございます。

また、大韓民国大使館、並びに文化庁からも関係の方々のご臨席を賜り、心より厚く御礼申し上げます。

さて、現在、熊本県では「くまもとの夢四カ年戦略」の取組を進めております。その一つとして、本県の優れた文化や歴史などを再認識するために、「誇りに満ちた魅力あふれる地域社会の創造」を目指す「品格あるくまもと」の実現に向け、鞠智城をはじめとする貴重な文化的資産を地域の宝として磨きあげ、そして活かしていく取組を行っているところです。

なかでも鞠智城跡のある菊池《きくち》川流域は、古来より菊池川の豊かな恵みに育まれ、全国一の数を誇る装飾古墳をはじめ、古代文化が花開いた地域です。そのような地域にあって、激動する東アジア情勢のもとで、わが国が、律令国家の建設を目指した七世紀後半、大和朝廷によって、古代山城の鞠智城が築かれました。六国史《りっこくし》に記載された古代山城は、西日本地方に一一城あり、鞠智城はその中の一城に数えられる、貴重な、全国有数の重要遺跡として高く評価されています。

熊本県知事　蒲島郁夫氏

本県では、昭和四十二（一九六七）年から発掘調査を開始し、これまでに国内初となる八角形建物跡、貯水池跡、貯木場跡、木簡など貴重な遺構や遺物が数多く見つかりました。特に、昨年の十月には、貯水池跡池尻部から百済《くだら》系菩薩《ぼさつ》立像《りゅうぞう》が発見され、朝鮮式山城の築城に亡命した百済の達率《たっそつ》がかかわったとする『日本書紀』の記述を裏付ける貴重な資料として、日本国内だけでなく韓国においても大きな注目を集めました。

この歴史的に重要な鞠智城を、くまもとの宝、さらには日本の宝としてしっかりと護り伝え、活かしていくことは、私ども今を生きる者にとって大変意義深いものであると同時に、重要な責務であると考えます。これまで県では、講座やシンポジウムなど、あらゆる機会を通じて、鞠智城の歴史的・学術的な価値について、周知されるよう努力して参りました。本日のシンポジウムは、その集大成とでもいうべきものであり、歴史学研究の一大拠点「東京」での開催で、「鞠智城」をキーワードに、日本古代史並びに朝鮮古代史など各分野の研究における第一人者の先生方から、鞠智城跡の歴史的意義と課題を考えるうえで貴重なお話をお聞きできるものと期待しております。本日のシンポジウムの成果によって、全国に鞠智城の歴史的な価値をさらに周知していくことができるものと大いに期待しており、そして鞠智城跡の特別史跡指定がより確実なものになると確信しています。

最後に、本日ご参加の皆様のご健勝、ご活躍をお祈りいたしまして、挨拶といたします。

平成二十一年七月二十五日

熊本県知事　蒲島　郁夫

挨拶

本日は、笹山先生をはじめ講師の先生方、文化庁をはじめ関係各位のご努力により、鞠智城を全国に発信する機会を得ましたことを心から感謝申し上げます。

『隋書』倭国伝に、唐の時代までの中国正史の古代日本列島記録の中に、ただ一つの山名、山の名がでてきます。阿蘇山《あそさん》です。

その阿蘇の外輪、深葉山《ふかばやま》を源として六九の支川を飲み込み、有明海《ありあけかい》に注ぐ延長七一キロの一級河川があります。菊池《きくち》川です。

鞠智城はその中流域（河口まで四〇キロ）、山鹿《やまが》市を中心に一部が菊池市にかかる中心標高一四五メートル、あえて申し上げれば北緯三三度〇〇分一〇秒、東経一三〇度四七分〇〇秒の丘陵地に築かれた古代山城です。

この菊池川は肥沃な菊鹿《きくか》平野、玉名《たまな》平野を育み、流域面積は九九六平方キロもあり、ここで生活を営んだ先人の足跡は、チブサン、弁慶ケ穴《べんけいがあな》の装飾古墳として光芒を放っています。全国で六六〇を数える装飾古墳のうち熊本県にはその三割の一九六基が所在し、うち六割の一一七基は菊池川流域に集積しています。

熊本県はここに全国唯一の県立装飾古墳館を立ち上げました。ここが歴

熊本県文化財保護協会会長　古関三博氏

史公園鞠智城・温故創生館の本館です。

そして河口まで一四キロという下流域左岸、和水町《なごみ》（旧菊水町）の清原《せいばる》台地には、歴史・考古学に関心のある皆様熟知の江田船山《えたふなやま》古墳があります。銀象嵌《ぎんぞうがん》の大刀《たち》はもとよりのこと、出土品は点数ではなく件数で登録されており、九二件すべてが国宝です。金製・金銅製の装身具、冠帽、冠、沓《くつ》、帯、金の耳飾は百済《くだら》製といわれており、金銅製沓、金製耳飾は、日本に仏教がもたらされる以前の百済二十五代武寧王《ぶねいおう》陵《りょう》出土の副葬品と類似しているといわれています。

鞠智城は、その場所を熊本県の北部に位置し、と申し上げればすむことでしたが、講師の先生方のお話をより深く理解していただくために、鞠智城を温かく取り囲む菊池川沿いの先人の歴史的背景をあえて申し上げ、熊本県民の願いである特別史跡指定、そして国営歴史公園実現のための皆様方の熱いご声援をお願いして、私のご挨拶に代えさせていただきます。

平成二十一年七月二十五日

熊本県文化財保護協会会長　古閑　三博

Ⅰ部　基調講演

鞠智城と古代の西海道

笹山　晴生

はじめに

鞠智城《きくちじょう》は七世紀につくられた朝鮮式山城で、福岡県の大野《おおの》城、佐賀県の基肄《きい》城、対馬《つしま》の金田《かなた》城などと並ぶ存在である。設置の時期は明らかでないが、文武二（六九八）年条の『続日本紀《しょくにほんぎ》』に、大宰府《だざいふ》に命じて大野・基肄・鞠智三城を修繕させるとあるのが文献上の初見である。その後、平安時代の初め、天安二（八五八）年条の『日本文徳天皇実録《にほんもんとくてんのうじつろく》』に、閏二月に菊池城院の兵庫（武器庫）の鼓《つづみ》がひとりでに鳴り、五月には同城の不動倉（穀を貯えておく倉）一一宇が火災にあったということが見えている。このほか、九世紀の史料に「肥後国菊池郡城院兵庫」（『日本三代実録』元慶三〈八七九〉年三月十六日条）、「菊池郡倉舎」（同貞観十七〈八七五〉年六月二十日条）などと見えるのも、みな同じ兵庫や不動倉を指す

図1　講演中の笹山晴生氏

ものと思われる。

鞠智城の跡は熊本県の北部、菊池《きくち》市・山鹿《やまが》市にあり、平成十六（二〇〇四）年、「鞠智城跡」として国の史跡に指定された。近年の発掘調査によって土塁《どるい》や石垣、城門・倉庫・官衙《かんが》施設などの遺構が次々に発見され、全体の構造が明らかにされ、整備も進められつつある。その結果、今まで数少ない文献によってしか推測しえなかった鞠智城の性格がしだいに明らかとなり、その存在意義についてもあらためて問題が提起されることとなった。

鞠智城の歴史的な意義を正しく捉えるためには、鞠智城が設置された当時の歴史的な状況について、九州＝西海道《さいかいどう》全体の広い視野から見てみる必要がある。

1　鞠智城の地理的位置

菊池の地は古代律令制のもとでは肥後《ひご》国菊池郡に属し、古くは「くくち」と訓まれたらしい。鞠智城の跡に立って望むと、東には阿蘇《あそ》の山並みが連なり、南から西にかけては広大な熊本平野が広がる。西は遥か、有明海《ありあけかい》を隔てて雲仙《うんぜん》を望むことができる。

谷を刻んで西に流れるのが菊池川で、玉名《たまな》で有明海に注ぐ。この菊池川は、古代における朝鮮・中国からの文化輸入の一つの経路であった。玉名郡の江田船山《えたふなやま》古墳出土の大刀《たち》の銘には、五世紀後半の倭王武《わおうぶ》（雄略《ゆうりゃく》天皇）と推定される「獲加多支鹵大王《わかたけるのおおきみ》」の名が見え、倭の五王時代にこの地の豪族が倭政権と関わりをもっていたことを物語っている。この地域にはまた、山鹿市のチブサン古墳など多くの装飾古墳も見られ、

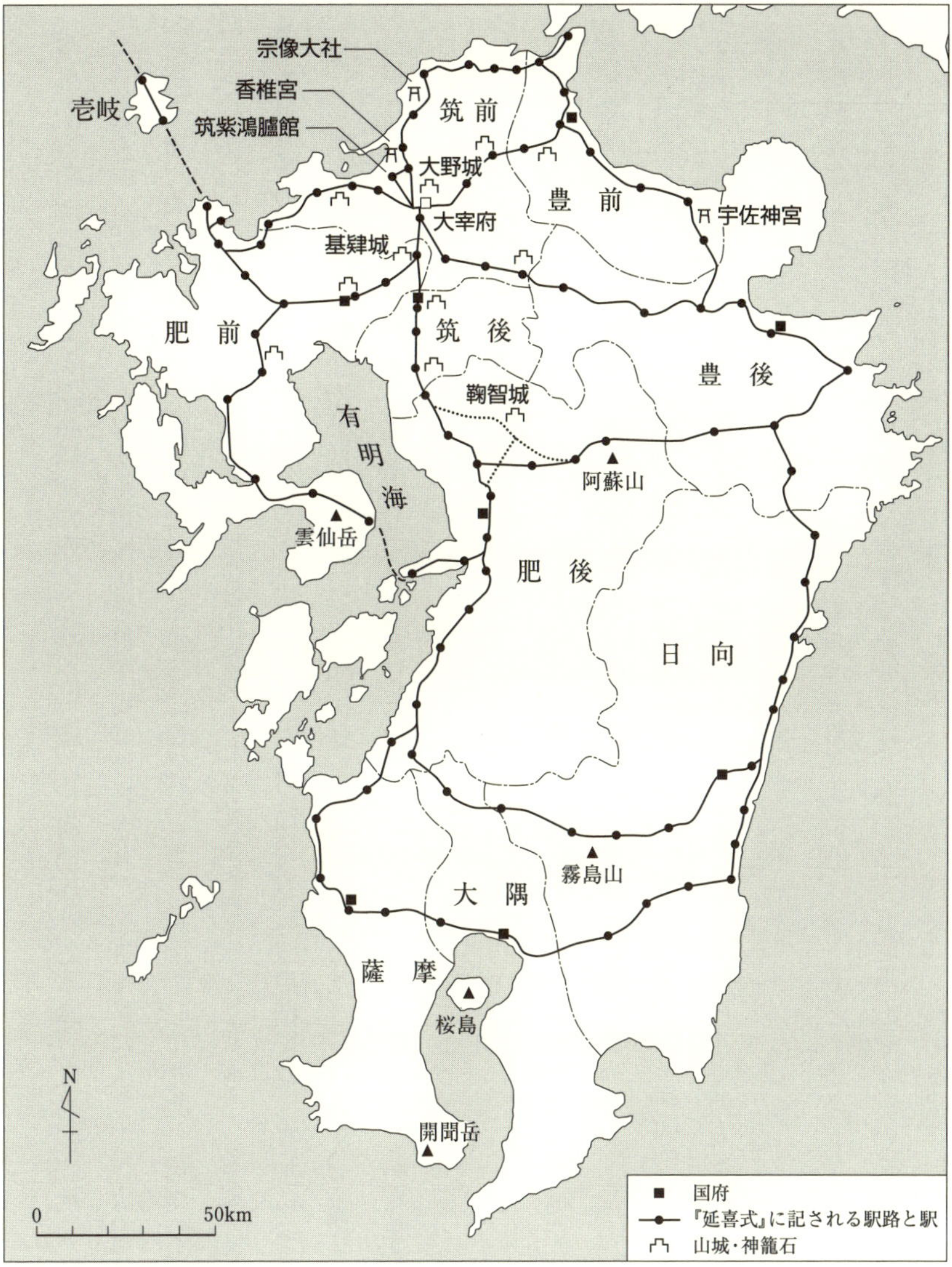
宗像大社
香椎宮
筑紫鴻臚館
壱岐
筑前
大野城
豊前
大宰府
宇佐神宮
基肄城
肥前
筑後
豊後
有
明
海
鞠智城
阿蘇山
雲仙岳
肥後
日向
霧島山
大隅
薩摩
桜島
開聞岳
N
0
50km
国府
『延喜式』に記される駅路と駅
山城・神籠石

図2　古代の西海道

独自の文化の様相を示している。

　玉名から菊池にかけての地域は、九州の北部から中部・南部へと至る陸上交通の要地でもあった。律令時代の官道である駅路《えきろ》は、大宰府から筑後《ちくご》国を経てこの地に至り、熊本平野に入って、東方、阿蘇を経て豊後《ぶんご》国に至る道、西方、有明海を渡って肥前《ひぜん》国に至る道を分け、さらに南下して葦北《あしきた》・球磨《くま》などを経て薩摩《さつま》・日《ひゅう》向《が》へと向かっていた（図3）。阿蘇には阿蘇山を神として祀る阿蘇国造《あそのくにのみやつこ》がおり、葦北の地には有明海を通じて海外とも交渉を行っていた火葦北《ひのあしきた》国造がいて、ともに律令制成立以前には、在地に大きな勢力を有していた。火葦北国造阿利斯登《ありしと》の子日羅《にちら》は百済《くだら》の王朝に仕えて達率《たっそつ》という高位を得た人であり（『日本書紀』敏達十二〈五八三〉年是歳条）、また推古十七（六〇九）年には百済の僧俗八五人を乗せた船が葦北津に漂着していて、葦北の地が大陸との文化的な交渉の上で重要な意味をもった地であることがわかる。鞠智城の地は、これら肥後の諸地域を押さえる重要な役割をもつ地であった。

　七世紀後半から八世紀にかけて律令国家が成立すると、九州南部の日向・大隅《おおすみ》・薩摩から多褹《たね》・屋久《やく》・奄《あま》美《み》など薩南諸島へと律令制的支配を進めていくことが国家の大きな課題となった。肥後国はこうした政略を進めていく上での基点としての役割を果たしたものと思われる。薩摩国や日向国の郷名に合志《かわし》・飽田《あきた》・宇《う》土《ど》・山鹿《やまが》・八代《やつしろ》など肥後国の郡名を冠したものの多いことは、肥後国から多くの人々がこれらの地に移住したことを示すものであろう。

　鞠智城は七世紀後半の朝鮮式山城で、大野城や基肄城と同様、唐《とう》・新羅《しらぎ》の進攻に備えるための防衛施設であった。それらの中でもっとも南に位置する鞠智城は、おそらく有明海沿岸からの進攻に備えて造られたものであろう。しかし鞠智城はまた、九州中部・南部への交通の要衝に位置する城であり、ことに八世紀以降

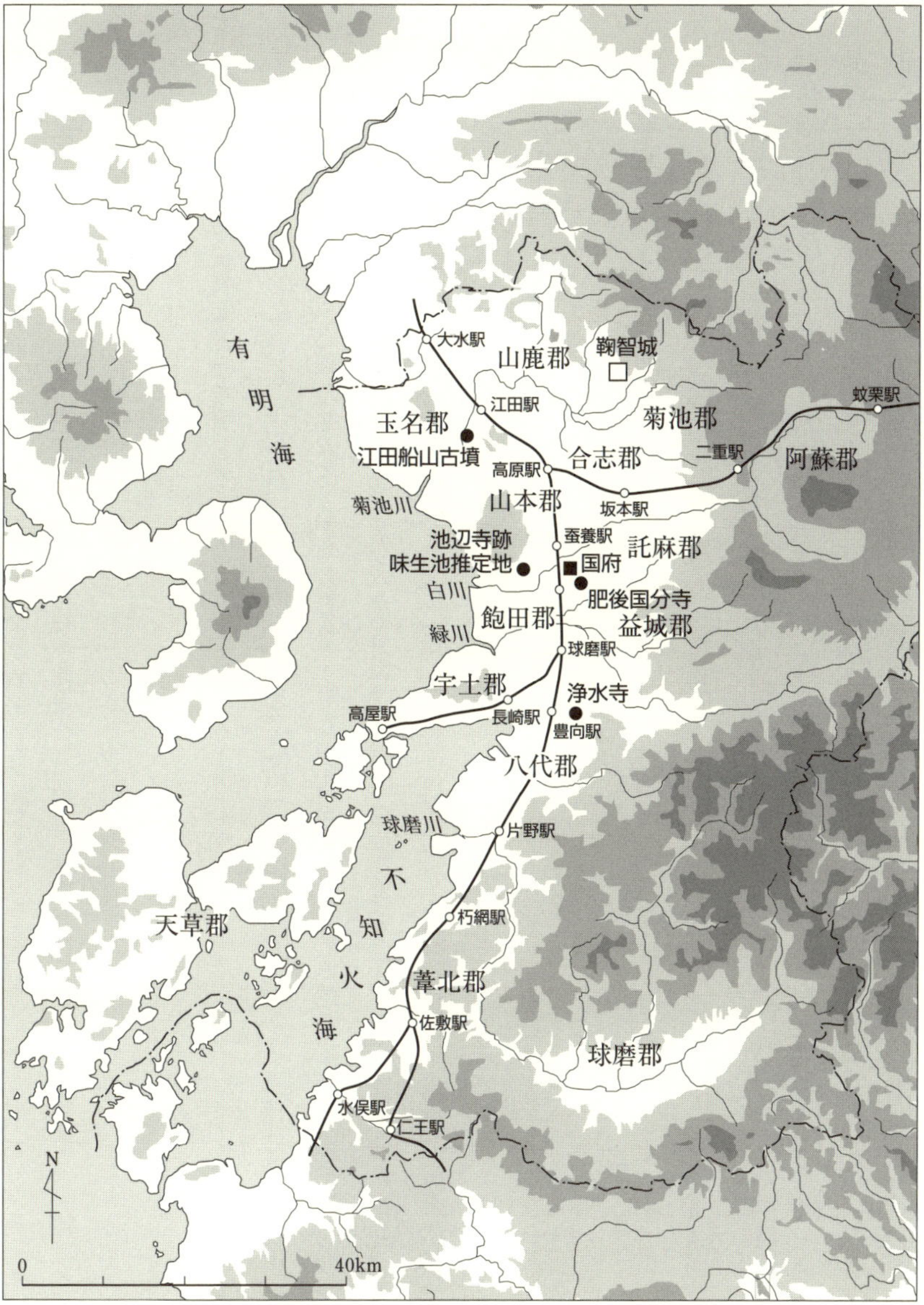

図3　古代肥後の駅路(『延喜式』による)

には、肥後国の政治・軍事を支え、九州南部への律令制支配の拡大を進めるという役割を担う存在にもなっていた。そのことが八～九世紀を通じて鞠智城が存在し、軍事施設としての役割を果たし続けた理由であろうと思われる。

◆葦北出土の駅制関連の木簡

平成十九（二〇〇七）年十二月、熊本県葦北郡芦北《あしきた》町の花岡木崎《はなおかきざき》遺跡から古代の木簡二点が出土した。熊本県教育庁文化課の調査によるもので、南九州西回り自動車道芦北インターチェンジ建設事業に伴う埋蔵文化財発掘調査中、井戸の底から出土し、その年代は共伴する土器から八世紀末～九世紀初頭と推定されるという。『木簡研究』三一号に載せる宮崎敬士氏の報告によれば、その釈文は左の通りである（図4）。

（一号木簡）「×□於佐色□□□□」

（二号木簡）「×発向路次駅□〔子カ〕等×」

文中の「佐色」は肥後国の駅名である。延長五（九二七）年奏進の『延喜式《えんぎしき》』兵部省諸国駅伝馬条に肥後国「佐敷《さしき》（佐色）」駅があり、駅馬《えきば》五疋・伝馬《てんま》五疋を置くと定めている。所在地は現在の芦北町佐敷と推定されており、木簡の出土地点に近く、この遺跡は佐敷駅家と関連する遺跡である可能性が高い。西海道（西海道西路）はこの駅の南で、水俣《みなまた》を経由して薩摩国府に至る道と、大隅・日向方面に向かう支路の二手に分かれると推定されており、ここが九州自動車道と南九州西回り自動車道との分岐点に当たっていることと符合して興味深い。「路次駅」の文言からすると、目的地に至る路次の各駅にあて、官人への供給を要請するために官人に携行させた文書木簡であろうかと思われる。

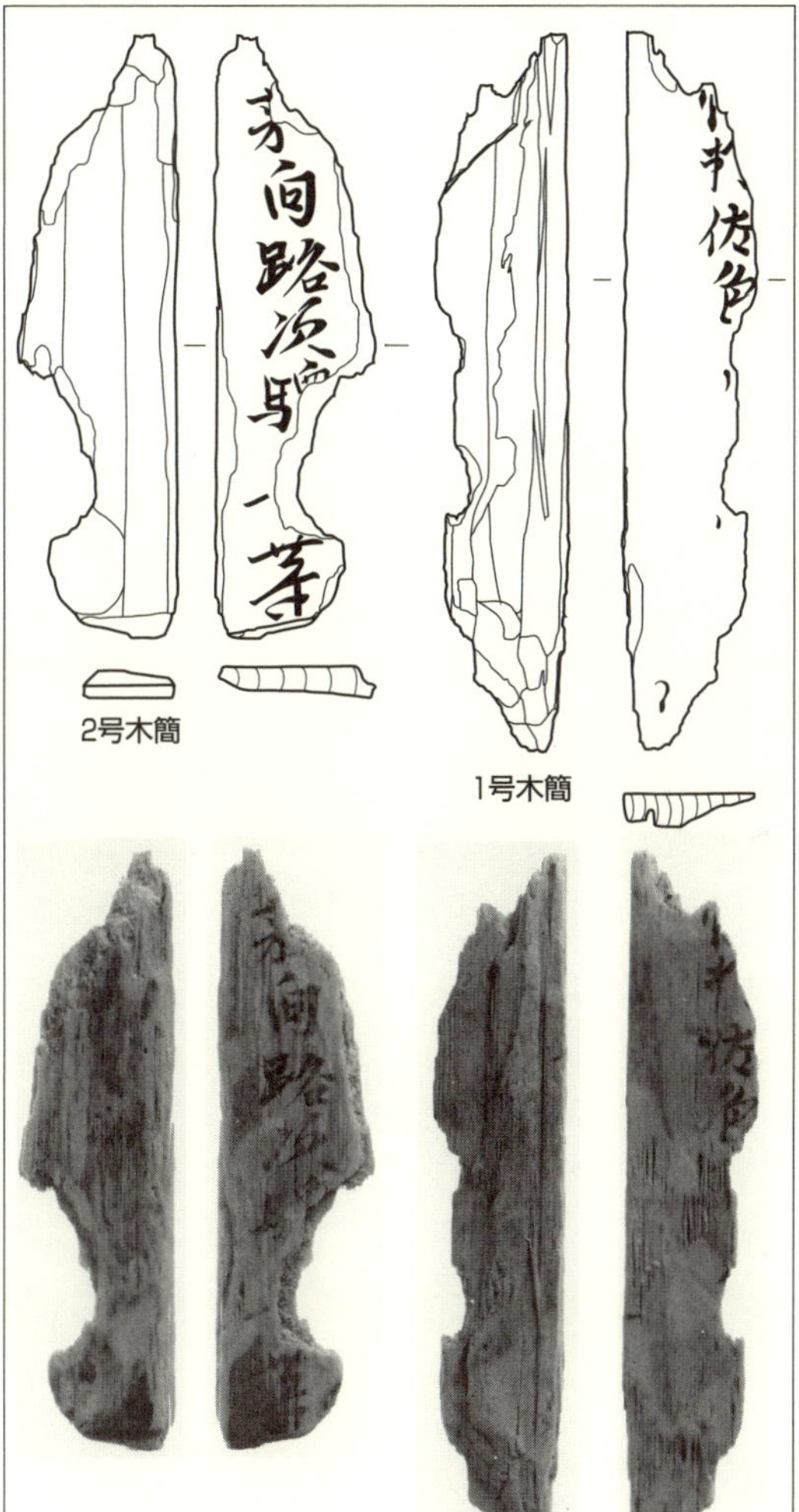

図４　熊本県花岡木崎遺跡出土木簡

2　七世紀の日本と鞠智城の設置

古代山城としての鞠智城の設置は、七世紀の東アジア・日本（倭国）の情勢と深く関係している。ここではその歴史的な動きについて見てみることとしよう。

七世紀の東アジアは、大きな動乱の時代を迎えていた。中国では六世紀末の隋《ずい》によって南北両朝が再統一され、七世紀には隋のあとを受けた唐の帝国がめざましい発展を遂げて、周辺諸国に大きな威圧を与えた。それに対して、朝鮮半島では高句麗《こうくり》・百済・新羅の三国がそれぞれに権力の強化をはかり、相互に激しく対立した。

高句麗・百済による侵略に苦しんだ新羅は唐と連携し、斉明六（六六〇）年、将軍蘇定方《そていほう》の率いる水陸一〇万の唐軍は、新羅軍と連合して百済を攻撃した。百済の王都泗沘《しひ》城は陥落し、義慈《ぎじ》王は逃れて旧都熊津《くまなり》城に拠ったがここも陥落し、国王・太子らは捕らえられて唐に送られ、百済は滅亡した。

しかし百済の故地では、その後も鬼室福信《きしつふくしん》らの遺臣が任存山《にんぞんさん》城などに拠って唐軍に抵抗した。福信は倭国に軍事援助を求めるとともに、倭にあった王子扶余豊《ふよほう》（豊璋）を迎えて国王とすることを請うた。朝廷は遺臣の反乱を援助することに決し、斉明天皇・皇太子中大兄皇子らは九州に赴き、天智元（六六二）年には阿《あ》曇比羅夫《ずみのひらふ》・阿倍比羅夫《あべのひらふ》らを将とする大軍を朝鮮に送り、軍需品を援助した。しかし天智二（六六三）年八月、倭の水軍は劉仁軌《りゅうじんき》らの率いる唐の水軍と白村江《はくすきのえ》に決戦し、兵船四〇〇艘を焼かれる決定的な敗北を喫した。倭軍は百済の王族・貴族らを伴って帰還し、朝鮮の動乱への軍事的な介入は完全に失敗に帰した。

図5　大野城跡(上は百間《ひゃっけん》石垣，下は猫坂《ねこがさか》地区建物群)

白村江の敗戦後、天智天皇の朝廷は、唐・新羅の侵攻に備え、西辺の防備を強化するための施策を次々に実施した。天智三（六六四）年以降、朝廷は最前線にあたる対馬・壱岐《いき》に防人《さきもり》と烽《とぶひ》とを置いて敵襲に備え、大宰府の前面には防御施設としての水城《みずき》を築いた。大宰府に近接する大野・基肄二城のほか、対馬の金田城、長門《ながと》、讃岐《さぬき》の屋島《やしま》、大和《やまと》・河内《かわち》国境の高安城《たかやす》など、大和に達する行路の要衝にも城を築いた。これら西日本の城は、大野城・基肄城などの遺跡によって知られるように、山頂の周囲に土塁をめぐらし、谷間を石垣で埋め、水門を設け、内部には倉庫などの礎石《そせき》建物を配置した朝鮮式の山城であった。九州北部を中心に分布する、山腹や丘陵に数キロにわたって切石の列をめぐらすいわゆる神籠石《こうごいし》も、やはりこの時期に造られた防御施設であろう。

これらの防御施設の築造を指導したのは、白村江の戦いののち倭国に亡命してきた、兵法に詳しい百済の王族・貴族であった。天智四（六六五）年、大野城・基肄城を造るために筑紫に派遣されたのは憶礼福留《おくらいふくる》・四比福夫《しひふくぶ》という二人の百済人であったが、このうち憶礼福留については、『日本書紀』天智十（六七一）年正月条に、「兵法に閑《なら》へり」と記されている。百済の王族・貴族は、これらのほかにも、集団的な用兵や戦闘の指揮など、各方面にその能力を発揮し、天智朝の軍事的諸施策を指導したと思われる。

大野城や基肄城の場合とは異なり、鞠智城については『日本書紀』に築城に関する記述が見られない。しかし発掘調査によれば、鞠智城はまさしく大野城・基肄城などと共通する朝鮮式山城としての特徴を備えている。平成二十（二〇〇八）年度の発掘調査で、貯水池跡から七世紀後半と推定される青銅製の百済系菩薩《ぼさつ》立像《りゅうぞう》が出土したことは、鞠智城の築造にも百済人の技術者が関わっていたことを示唆するものではあるまいか。

図6　水城(中央)と大野城(背後)

図7　福岡県御所《ごしょ》ケ《が》谷《たに》神籠石(石塁と水門)

3　西海道の行政・軍事と鞠智城

鞠智城の築造は、七世紀後半の東アジアの緊迫した情勢の中で行われたと考えられるが、その後東アジアの情勢は、唐・新羅・日本の関係としてしだいに安定の方向へと向かった。国内では六七二年の壬申《じんしん》の大乱後、乱に勝利した天武天皇によって中央集権国家の建設が強力に推進され、大宝元（七〇一）年には国家制度の基本を定めた大宝律令が制定された。

律令制のもとで、九州＝西海道の行政は大宰府によって統轄された。西海道では他の諸道とは異なり、大宰府による強力な権力集中のシステムが構築されたのである。大宰府は外交・軍事にも携わり、財政の面でも、西海道諸国の調庸はすべて大宰府に集積され、その一部が都に貢上されることになっていた。西海道には、大宰府を中心とする交通・通信のネットワークが形成されていた。西海道の駅路は大宰府を中心に諸方面に向かう形で形成され、駅路に沿って駅家のほか、郡家《ぐうけ》や諸官衙施設が計画的に配置されていたことが推測される。

情報伝達の手段としては、烽が各所に設置された。烽は敵の襲来や外国使臣の到着などの情報を速報するための通信システムで、天智三（六六四）年、防人とともに対馬・壱岐・筑紫に設置された。律令制では四〇里（約一八キロ）ごとに設置され、昼は煙、夜は火を上げて合図を送った。『続日本紀』によれば、天平十二（七四〇）年の大宰少弐藤原広嗣《ひろつぐ》の乱にあたり、広嗣は烽火を上げて国内の兵を集めたという。大宰府管内の烽は、諸国の烽が延暦十八（七九九）年に停廃された後もなお存続した。

図8　大宰府政庁跡

烽は見晴らしのきく山頂などに設置される。また「火の山」「日《ひ》の隈《くま》山」などの遺称が存在することから、その所在地を推定することが可能である。天平五（七三三）年編纂の『出雲国《いずものくに》風土記《ふどき》』には、各郡に設置された烽の名称とその位置とが記載されており、豊後・肥前二国の『風土記』にも、烽の総数と郡ごとの数とが記載されている。肥前国（佐賀県・長崎県）では、現地調査や地名の研究によって、烽の所在地や国府・基肄城に至る情報伝達のルートの推測がなされている。鞠智城においても付近に「火の岡山」があり、やはり情報伝達のシステムの中に組み入れられていたことが推測される。

　西海道防衛のための軍事力としては、まず防人が挙げられる。防人は白村江の戦いの直後、天智三（六六四）年に対馬・壱岐・筑紫に設置された。律令制のもとでの防人は諸国軍団兵士の中から選抜され、三年交替で筑紫に派遣された。その数は二〇〇〇人から三〇〇〇人に及んだと推測される。

八世紀を通じ、防人のほとんどは東国＝中部・関東地方出身の兵士であった。東国の兵士はその勇敢さを買われ、鎮兵として東北の戦乱の鎮圧にも動員されたから、その負担は大きく、八世紀の後半には防人制の維持はしだいに困難になった。天平宝字元（七五七）年、東国防人は停止され、西海道七国の兵士一〇〇〇人が替わって辺防の任に当たることとなった。その後も東国防人は大宰府の数度の要請にもかかわらず復活されず、大宰府管内に残留している防人を徴発するなどの対応が行われたのみであった。延暦十四（七九五）年、壱岐・対馬を除いて防人は廃止され、同二十三（八〇四）年には壱岐の防人も廃止されている。

防人がどこに配置されたかについては、詳しくはわからない。サキモリは「前守」「崎守」の意味であり、最前線の海岸を守衛するのが本来の任務であって、それは天智三（六六四）年に対馬・壱岐に最初に設置されたことからも窺われる。防人が最後まで配置されていたのも対馬であった。佐賀県唐津《からつ》市の中原《なかばる》遺跡から近年出土した木簡に「甲斐国〔津〕戍〔人〕」とあるのは、甲斐国出身の防人が肥前国の港湾の守衛に当たっていたことを示すものと考えられ、防人配置の具体例を示すものとして貴重である。

鞠智城に防人が配備されていたかどうか。七世紀後半の築城当時には配備されていた可能性もあるが、本来の防人の任務から見て、また防人制の維持がしだいに困難になっていった情勢から考えて、八世紀以降の鞠智城守備の武力の主体は防人ではなく、西海道出身の軍団兵士と見るのが妥当なように思われる。

軍団の兵士は律令制国家の武力の主体であった。二十歳以上の男子を一戸から三人に一人の割合で兵士に徴発し、近くの軍団に勤務させるもので、一軍団には普通一〇〇〇人の兵士が所属していた。

西海道については、『類聚三代格《るいじゅうさんだいきゃく》』所載の弘仁四（八一三）年八月九日の太政官符《だじょうかんぷ》によって、当時筑前・筑後・豊前・豊後・肥前・肥後計六国に一八の軍団があり、一万七一〇〇人の兵士が所属していたことがわかる。軍団兵士の定数は奈良時代の養老三（七一九）年に削減されているから、おそらく軍団数一八、兵士一万八〇〇〇人というのが西海道の本来の姿であろう。天平十二（七四〇）年の藤原広嗣の乱にあたり、朝廷は東海・東山・山陰・山陽・南海五道の兵一万七〇〇〇人を徴発しているが、これは広嗣が動員するであろう大宰府管内の兵士の数を考慮してのものであったかと思われる。

西海道の具体的な軍団名としては、遠賀《おんが》（筑前）・御笠《みかさ》（同）・基肄（肥前）・益城《ましき》（肥後）各団の名が諸史料によって知られる。福岡県太宰府市からは「遠賀団印」「御笠団印」の印面をもつ印が出土した。また肥後国益城団の名は、昭和五十九（一九八四）年に平城宮跡から出土した「肥後国第三益城軍団養老七年兵士歴名帳《れきみょうちょう》」と書かれた木簡（題籤《だいせん》軸《じく》）によって知られるものである。

鞠智城と軍団との関係についてはどのように考えられるのか。筑前国の御笠団については大野城、肥前国の基肄団については基肄城との関係がそれぞれ考えられる。これら山城付近の軍団に所属する兵士は、日ごろ軍団で訓練を積むとともに、番を作って城の警衛に当たったのであろう。それから類推すれば、鞠智城の場合にも、付近に軍団が存在した可能性がある。前掲の弘仁四年太政官符によれば肥後国の軍団数は四であ

図9　軍団印（筑前国遠賀団印。右はその印面。福岡県太宰府市観《かん》世音寺《ぜおんじ》出土。）

り、平城宮跡出土木簡には「肥後国第三益城軍団」とあるのであるから、肥後国北部の玉名・山鹿・菊池三郡のどこかに、少なくとも一つの軍団はあったのではないかと思われる。

これらの軍団は、兵士を率いて交替で鞠智城に勤務し、その守衛に当たったほか、国司のもとでさまざまな任務に従ったものと考えられる。『日本紀略《にほんきりゃく》』弘仁四（八一三）年三月辛未条で、肥前国基肄団の校尉《こうい》が五島列島の小近島《おちかのしま》に来着した新羅人を捕らえる仕事に当たっているのは、その一つの例であろう。

◆平城宮跡出土の肥後国軍団関係の木簡

昭和五十九（一九八四）年、平城宮跡から「肥後国第三益城軍団養老七年兵士歴名帳」と書かれた木簡が出土した。これはいわゆる題籤軸で、巻物の軸の端にその文書の内容を記したものである。養老七（七二三）年に肥後国益城軍団に所属した全兵士の名簿で、肥後国から中央の兵部省《ひょうぶしょう》に報告され、保管されていたものが、年が経って廃棄され、紙は反故《ほご》として再利用され、巻軸のみが投棄されたものであろう。

軍防令《ぐんぼうりょう》には、兵士以上については歴名簿《れきみょうぶ》二通を作り、どこに勤務しているか、貧富の程度は上中下いずれかを明記して、一通はその国に留め、一通は毎年朝集使《ちょうしゅうし》に付して兵部省に送るようにと定めていた。征討などの場合には、国司はこの名簿によって兵士を動員する。天平六（七三四）年八月に作成された出雲国計会帳《けいかいちょう》によれば、同五（七三三）年十月二十一日、「兵士簿目録一巻・兵士歴名簿四巻」が朝集使に付して都に進上されている。当時の政府が兵士一人ひとりの名まで把握していたことを示すものである。

この木簡では「肥後国第三益城軍団」と、軍団に番号を付して呼んでいる。個々の軍団に番号を記した例は他にはない。岩手県胆沢《いさわ》城跡出土の第四三・四四・四五号漆紙文書《うるしがみもんじょ》は陸奥国柴田郡関係の兵士歴名簿の断簡と推定されるが（平川南「胆沢城跡第四五次調査出土漆紙文書」『胆沢城昭和五十九年度発掘調査概報』所収）、ここでは「高椅郷廿五戸主刑部人長戸口」というように、諸郷の各戸にそれぞれ番号を付している。軍団に番号を付し、郷内各戸に「戸番」を付すという、これらがいずれも軍団・兵士関係の史料であることは注目すべきで、迅速・的確に兵士を徴発する便宜として、広く行われていたことかと推測される。

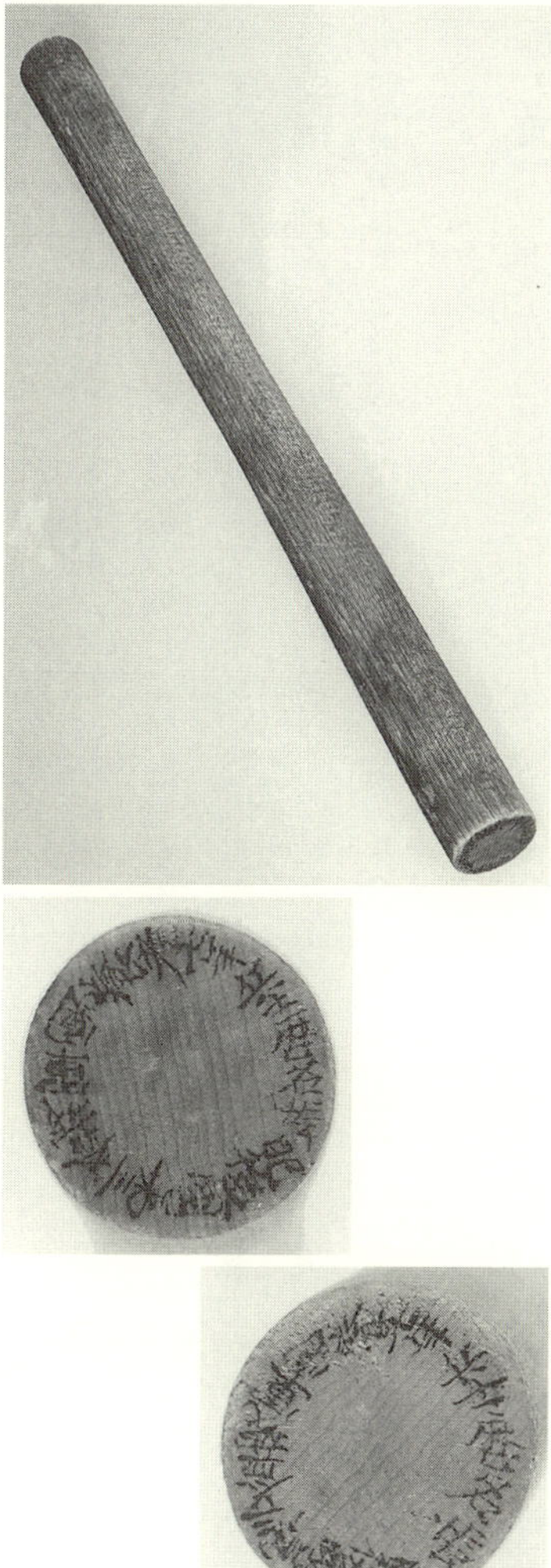

図10　平城宮跡出土の益城軍団題籤軸木簡

おわりに

西海道は日本と東アジア世界との接点として、八世紀から九世紀にかけてもいくどか緊張した事態に見舞われた。日本と朝鮮の新羅との間にはしばしば衝突が起こり、天平宝字三（七五九）年から同六年にかけては、安史の乱による唐朝の混乱に乗じて新羅に軍を送る計画が藤原仲麻呂《なかまろ》（恵美押勝《えみのおしかつ》）によってなされ、兵士や水手《かこ》・船舶の大規模な動員が行われた。九世紀に入ると国家の統制力が衰え、朝鮮・中国との間の人や物資の交流が盛んになるが、飢饉や内乱による新羅国内の動揺から、九州沿岸には海賊がしばしば襲来し、沿岸の警備が大きな課題となった。寛平五（八九三）年には新羅の海賊が肥後国飽田《あきた》郡を襲い、民家を焼く事件を起こしている。

しかし東アジア全体の視点から見ると、唐を中心とする東アジアの政治的秩序は九世紀に入って崩壊し、諸国家はそれぞれ内部で動揺を抱え、国家間の激しい抗争は起こらなくなった。それに対応して日本でも、八世紀末には軍団兵士制が辺要を除いて廃止され、防人制も九世紀に入って衰退した。鞠智城は九世紀に入っても古代山城としての機能を保持したが、土塁や石垣で防備を固めた朝鮮式山城の存在意義は、しだいに失われていったものと思われる。

鞠智城に関する九世紀の史料の多くは、武器庫の鼓や戸がひとりでに鳴ったり、火災が起きたり、屋根に葺いた草を烏が食いちぎったりというような、怪異に関することである。そのことは当時の鞠智城やその倉庫群が、肥後国にとって一つの象徴的存在となっていたことを示している。

八世紀末以降、東北地方や関東地方ではいわゆる正倉神火《しょうそうしんか》事件が頻発し、政府はそれへの対応の一環として、旧来の倉庫群とは別の地に新たに倉庫群を建設する政策をとった。東北地方には三十三間堂官衙《さんじゅうさんげんどうかんが》遺跡（宮城県亘理《わたり》郡）・東山官衙遺跡（宮城県加美《かみ》郡）など、丘陵上に郡庁院・倉庫群を配する平安時代前半の官衙遺跡がいくつか見られる。この時期、肥後国においては、軍事施設としての鞠智城の庁舎や倉庫群が、菊池郡家の政庁や正倉としての機能をあわせ持つようになっていた可能性も考えられる。文献に鞠智城のことを「菊池郡城院」、その倉庫を「菊池郡倉」と称していることは、九世紀の鞠智城がこの地域の行政の中心としての役割をも果たす存在になっていたことを示すものではあるまいか。

〔参考文献〕
小田富士雄編『日本城郭史研究叢書10　北九州瀬戸内の古代山城』（名著出版、一九八三年）
小田富士雄編『日本城郭史研究叢書13　西日本古代山城の研究』（名著出版、一九八五年）
シンポジウム「古代国家とのろし」宇都宮市実行委員会他編『烽［とぶひ］の道』（青木書店、一九九七年）
藤岡謙二郎編『古代日本の交通路』Ⅳ（大明堂、一九七九年）
磯村幸男「西日本の古代山城」森公章編『史跡で読む日本の歴史3　古代国家の形成』（吉川弘文館、二〇一〇年）
原田敏明他監修『熊本県史　総説編』（熊本県、一九六五年）
『県史シリーズ43　熊本県の歴史』（山川出版社、一九九九年）
『全国歴史散歩シリーズ43　熊本県の歴史散歩』（山川出版社、二〇一〇年）
志方正和『九州古代中世史論集』（志方正和遺稿集刊行会、一九六七年）

Ⅱ部　発表

鞠智城跡の調査と整備

大田幸博

1　概　要

熊本県の鞠智《きくち》城《じょう》は、大和朝廷によって西日本地方に築造された朝鮮式山城の一つである。しかし、『日本書紀』に「天智四（六六五）年の築城」と明記された北九州の大野《おおの》城（福岡県）や基肄《きい》城（佐賀県）と異なり、築城時期に関する記載がない。鞠智城の場合は、『続日本紀《しょくにほんぎ》』の文武二（六九八）年五月の条を待たねばならない。「大宰府《だざいふ》に、大野・基肄・鞠智の三城を修理させた」との記事が初見である。その後、鞠智城は一六〇年間の空白期間を経て、『日本文徳天皇実録《にほんもんとくてんのうじつろく》』の天安二（八五八）年閏二月と六月の条に、城内で発生した怪奇現象を伝える計三回の記事があり、最後は、『日《に》本三代実録《ほんさんだいじつろく》』の元慶三（八七九）年三月の条をもって国の歴史書から姿を消している。従って、文献上で明らかな城の存続期間は一八一年間である。

図1　発表中の大田幸博氏

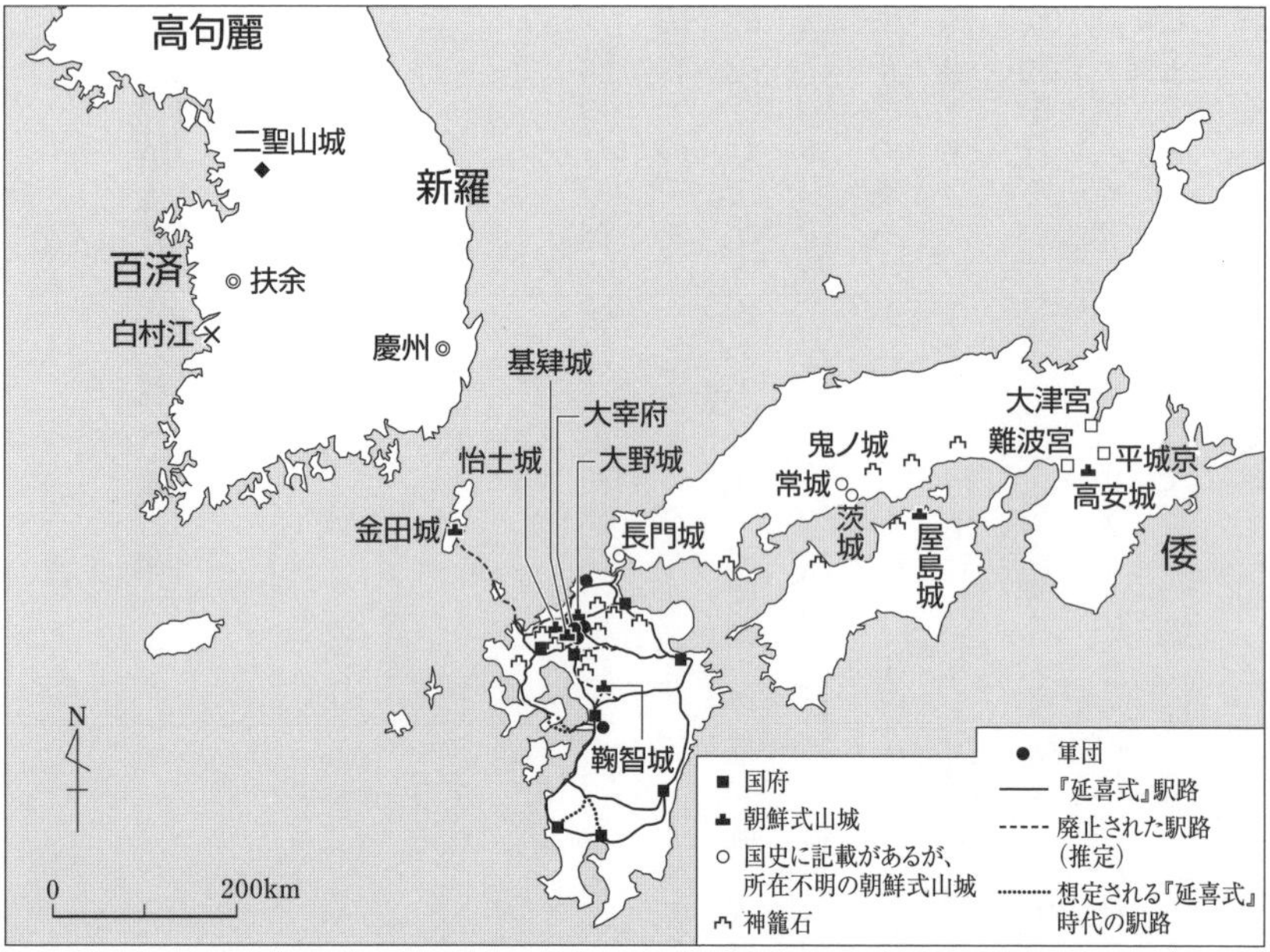

図2　7世紀後半の東アジアと鞠智城

一方で、大野城と基肄城とは同時期に修理されているので、築城時期も、この二城と同じ時期とする見方が有力である。実際、これまでの発掘調査の結果と照合しても妥当な線である。

城の性格は、創建期の七世紀後半と、終末期の九世紀後半とでは、明らかに違いがあろう。実際、前者は、東アジアの国際情勢が極度に緊張した状態での築造であり、国家防衛網の一翼を担うものであった。後者は、それから長い年月が経った後であるが、廃城になっていないので、おのずと性格の変化が考えられる。

鞠智城跡は、県北の山鹿《やまが》市菊鹿《きくか》町と菊池《きくち》市木野《きの》堀切《ほりきり》に所在しており、楕円形状の丘陵地に築造されている。城域面積は、真の城域が五五ヘクタール、外縁《がいえん》地区を含めると一二〇ヘクタールの広さとなる。真の城域を東京ドームの大きさに換算すると一二基分の広さである。縁部は、土塁線《どるいせん》と崖《がけ》線《せん》に囲繞《いにょう》されており、全周すると三・五キロにな

図3　鞠智城城域図　網掛けの部分は迫地をあらわす。

る。菊池川（一級河川）流域の北方丘陵地に位置しており、中心標高一四五メートル、肥沃な菊池平野とは、一〇〇メートルの比高差となる。数多くの遺構は、山鹿市菊鹿町の米原《よなばる》台地を中心に展開しており、一部は、菊池市木野の堀切まで広がっている。行政の面積割合は、山鹿市が九割を占め、菊池市は一割に留まる。但し、正門と見なされる堀切門《ほりきりもん》跡の門礎石《そせき》は、菊池市側に残っているので、鞠智城は、菊池市側の南を向いていることが分かる。これは、当時、大宰府からの官道が菊池市の隈府《わいふ》を通っていたからである。

発掘調査は、熊本県が昭和四十二（一九六七）年から実施しており、今年度で三一次を数える。一方で、平成六（一九九四）年からは、調査成果を元に整備事業が進み、平成十六（二〇〇四）年二月に国指定史跡になった。平成五（一九九三）年四月に開館したガイダンス施設「温故創生館《おんこそうせいかん》」を軸に、八角形鼓楼《ころう》・米倉・兵舎・板倉の古代建物が復元され、開館以来、この八年間で、優に一〇〇万人を越える入館者があった。今日では、古代史を学べる野外学習の場として定着している。県外及び韓国からの見学者も多い。

2　発掘調査の経緯と成果

発掘調査は、昭和四十二（一九六七）年に始まった。当時、米原台地は、一面の桑畑とさつまいも畑であったが、この年、地元の手によって大がかりな水田化工事が行われた。地下ボーリングによって水源が確保され、一帯が開田された。この際、数多くの大型礎石が発見され、鞠智城の場所は、米原台地に間違いないとの確証が得られた。同時期、礎石があった長者山《ちょうじゃやま》の西側地区が地下げされて、牛小屋が建てられた出来事があった。そこで、急遽、熊本県教育委員会を母体として、九州の考古学者を中心とした発掘調査団が組織されて、緊急調査が行われた。一～四次調査のことで、鞠智城調査の草分け時期である。これを契機に、発掘調査は六次調査以降、県教委を調査主体として今日まで継続して行われてきた。なお、五次調査に限っては、旧菊鹿町（現、山鹿市菊鹿町）が発掘調査を実施している。城内を貫く町道の拡幅工事に伴う事前調査で、鞠智城で初めての百済《くだら》系軒丸文様瓦が出土した。

一二次調査（平成二〈一九九〇〉年）は、佐賀県で吉野ケ里《よしのがり》遺跡が発見された年である。熊本県でも、これまでの文化庁国庫補助事業に加えて、県自主事業として調査費の大幅な上乗せを行った。吉野ケ里遺跡を意識したものであったが、「鞠智城を最重要遺跡と見なす」県の姿勢が示されたことを意味した。その結果、調査面積も大幅に拡大し、一三次調査（平成三〈一九九一〉年）では、南北に並んだ構造の異なる二棟の八角形建物跡を検出するに至った。国内の古代山城では、初めての発見であった。この時期、韓国の京畿道地方の二聖山城《イソンサンソン》跡からも、類似の八角形建物跡が検出されたとの情報を得て、現地視察のために調査員が渡韓した。調査を行った漢陽大学のキム・ビョンモ教授に面会して、学生の案内で城地を視察した。八角形建物跡の発見は、古代における日本と朝鮮半島との文化交流の証でもあり、鞠智城の調査歴で画期的な年になった。

一四次調査（平成四〈一九九二〉年）では、鞠智城の終末期（九世紀後半）にあたる礎石建物跡を確認した。国の歴史書に記載された平安時代の鞠智城を考古学の立場から実証したことになる。一五次調査（平成五〈一九九三〉年）からは、県自主事業が終了して、再び、文化庁国庫補助事業のみの発掘調査になった。町道から東上の上原《うえばる》地区を調査して、この地区が建物遺構の空白地帯であることを明らかにした。練兵場的な区域ではないかと解釈している。一六次調査（平成六〈一九九四〉年）では、深迫門《ふかさこもん》跡の谷部から版築《はんちく》土塁を検出した。細層の版築土を何十枚にも積み上げた本格的な造りであった（関連図版9）。

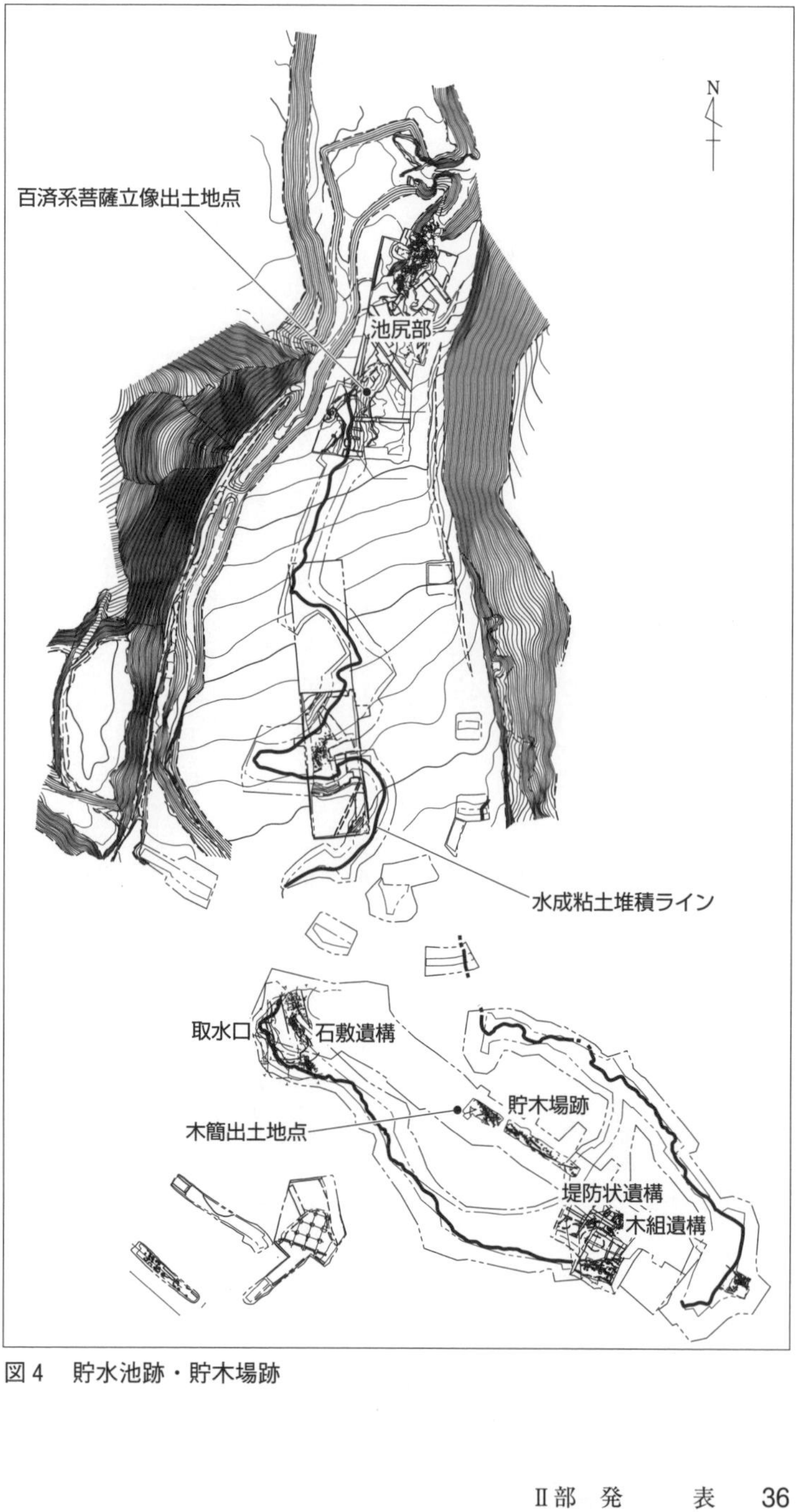
N
百済系菩薩立像出土地点
池尻部
水成粘土堆積ライン
取水口
石敷遺構
貯木場跡
木簡出土地点
堤防状遺構
木組遺構

図 4　貯水池跡・貯木場跡

図5　貯水池跡の一部を使用した貯木場跡

一七～一九次調査（平成七～九〈一九九五～九七〉年）では、長者原《ちょうじゃばる》地区から一七棟分の建物跡（五〇～六六号）を検出した（関連図版1）。一方、一九次調査では、長者原地区の谷部から貯水池跡を発見した（関連図版12）。総面積五三〇〇平方メートルに及び、谷部の緩傾斜地を利用したものであった。谷部の貯水池跡から文字の判読できる木簡《もっかん》や木製の農具も出土した。木簡には、「秦人忍□〔米カ〕斗」との墨書があり、鞠智城の近くに渡来人の居住が推定される遺物でもあった。さらに二〇次調査（平成八〈一九九六〉年）では、貯水池跡の一部が、貯木場にも使用されたことが判明した。池跡から数多くの建築材が見つかった。池に備蓄されたもので加工材が多かった。「貯水池跡・貯木場跡・木簡」は、八角形建物跡と同じく、国内の古代山城として初の発見であった。続いて、二二次調査（平成十〈一九九八〉年）では、貯水池跡の湧水地点から、井戸枠に該当する大型の木組み遺構が発見された。一方で、堀切門跡からは、門礎石の原位置が確定された。凝灰岩の谷部を加工した登城道の一部からであった。

二三〜二五次調査（平成十三〜十五〈二〇〇一〜〇三〉年）では、貯水池跡の継続調査に加えて新たに土塁線の調査を行った。二三次調査では、崖線の上に築かれた南側土塁線が、版築土塁であることが分かった。各層の版築土は厚めで、深迫門のそれと大きな違いがあった（関連図版11）。長者山の西地区からは、四棟の掘立柱《ほったてばしら》建物跡（六九〜七二号）を検出した。牛小屋跡の削平地で、旧地形には、礎石が並んでいた所である。礎石建物跡の下層遺構として注目された。二五次調査では、西側土塁の一部も版築土塁であることが判明した。花崗岩の、ばい乱土を叩き締めて積み上げたものであった。

二六・二七次調査（平成十六・十七〈二〇〇四・〇五〉年）では、池ノ尾門《いけのおもん》跡から、谷間を仕切る石塁《せきるい》が検出された。全壊に近い状態であったが、それでも、基礎部に通水溝《つうすいこう》と導水溝《どうすいこう》が残っていた（関連図版7）。二八次調査（平成十八〈二〇〇六〉年）は、深迫門跡を再調査した。一六次調査で、版築土塁が検出された調査区である。二九次調査（平成十九〈二〇〇七〉年）では、南側土塁線や東端平坦部からも版築土を検出した。さらに、貯水池跡の池尻部では、石積みを伴う堰堤を確認した。三〇次調査（平成二十〈二〇〇八〉年）では、池岸近くから、百済系菩薩立像《ぼさつりゅうぞう》が出土する画期的な発見があった（口絵1）。

3　鞠智城の整備

発掘調査は、平成二十一（二〇〇九）年で三一次を数える。熊本県では、この鞠智城跡の保存と活用を図るために、平成六（一九九四）年から四カ年計画で城跡地の用地取得を行った。城跡の総面積五五ヘクタールの内、米原集落・墓地・営農地の上原地区を除いた四三・五ヘクタールを対象とした。遺構の空白地帯と判明した上原地区では、県農政部が畑地を施策開田して、地権者に便宜を計る方策を取った。これが、用地購入の決め手になった。

　整備事業は、平成八（一九九六）年から開始した。遺構全体を、一・五〜二・〇メートルの客土で覆った後、整地面に四棟の復元建物を建設した。八角形建物跡については、鞠智城跡保存整備検討委員会で多くの議論を重ねたが、最終的に中国や朝鮮半島にルーツを持つ「鼓楼《ころう》」と推論した。鼓楼については、六国史《りっこくし》の『日本文徳天皇実録』に「兵庫の鼓《つづみ》」との記述がある。芯柱の長さ一五・三メートル、使用されたのは、地元産の樹齢一八〇年の檜材であった。宝珠《ほうしゅ》を含んだ総高は一五・三メートル、三層造りの瓦葺き屋根は、総重量七七トンにもなる。最上階には、連絡用の太鼓を置いた。この八角形建物跡の復元に際しては、鞠智城跡調査保存整備検討委員会からの強い勧めがあって、遺構保存のために、検出場所からやや北側にずらしている（口絵3上）。

　二〇号礎石建物跡は、総柱の構造であったことと炭化米《たんかまい》が出土したことから、米倉として復元された。高床式で、瓦葺きの校倉造《あぜくらづくり》建物である（口絵4上）。屋根瓦の重量は三二トン。側柱《がわばしら》の長方形・掘立柱建物跡は、兵舎と推定された。板葺き屋根で、つり上げ式の窓が特徴である（口絵5上）。内部を縦断する通路を境として、両側に兵士のベッドが並び、収容人員は五〇名程度と推定される。発掘調査では、同じ構造の建物跡が二棟並んで見つかった。鞠智城には、ある時期、少なくとも二棟の兵舎に、一〇〇名程の兵士が駐屯していたことが考えられる。総柱の掘立柱建物跡は瓦の出土がなく、兵舎から近距離にあるために、茅葺《かやぶ》き屋根の板倉として復元された。武具などを保管したと思われる。周囲には、掘立柱建物跡の遺構表示がなされている。

長者山には、検出遺構を参考にして、木造の休憩所が建設された。宮野礎石建物跡（四九号建物跡）の近くから見つかった寝殿《しんでん》風建物跡（一一・一二号）をモデルとした施設である。礎石と掘立柱の併用建物で、正方形状の大型礎石建物の周りを、掘立柱の回廊が巡る構造である。なお、復元建物と区別するために、北側を除く三面の壁がガラス張りになっている。

鞠智城は、平成十六（二〇〇四）年二月二十七日付で、国指定史跡になった。前述のように、発掘調査は三一次を数え、整備事業も一六年目に入った。現在も、園路造り等を中心とする整備事業が進行中である。熊本県では、平成十八（二〇〇六）年から国営公園化を目指して、県民一丸となって運動を展開している。

〔参考文献〕

小田富士雄編『日本城郭史研究叢書13　西日本古代山城の研究』（名著出版、一九八四年）
『鞠智城跡国史跡指定記念シンポジウム報告書　古代山城鞠智城を考える』（歴史公園鞠智城・温故創生館、二〇〇五年）
乙益重隆他『伝鞠智城跡』（熊本県教育委員会、一九六八年）
島津義昭『鞠智城跡』（熊本県教育委員会、一九八三年）
『鞠智城跡―第一〇次～第二二次調査報告―』（熊本県教育委員会、一九九一年～二〇〇二年）
『鞠智城跡―第二三次～第二九次調査報告―』（歴史公園鞠智城・温故創生館、二〇〇三年～〇九年）

古代山城としての鞠智城

岡田　茂弘

1　「城」とは何か

「城」という概念は、民族により、また、同一民族でも時代により変化している。中国文字学の基本的な古典である『説文解字《せつもんかいじ》』（後漢の許慎《きょしん》撰）には「城は以て民を盛る也」とあり、『大漢和辞典』（諸橋轍次著）は、「①城壁。都市を囲繞するくるわ。内側のものを城《じょう》、外側のものを郭《かく》とする。②都。国。国都。」とする。つまり中国では「城」は都市を囲む城壁、城壁で護られた都市の意味であり、城市の語もある。市街地が城壁で囲繞されるのは古代オリエントやギリシャの都市国家、中世イスラムでも同様であり、ローマ帝政時代には軍団駐屯地の城塞や国境の長城が構築された。中世ヨーロッパでは領主の邸宅を城壁で囲んだ Castle（英）・Château（仏）等があり、イスラム都市の影響を受けて城郭都市も出現した。一方、

図1　発表中の岡田茂弘氏

朝鮮半島では三国時代から多数の山城が築造され、戦乱時の住民の避難・籠城に利用された。『広辞苑』（新村出編）は、「城」を「敵を防ぐために築いた軍事的構造物」とするが、その使用は軍事のみに限定できぬから、「城とは、政治目的で択ばれた土地に設けられた防禦的構造物」とするべきで、その遺跡を「城跡」と判断する基準は、「防御的構造物＝自由な出入を規制する施設の遺構の存在」にある。

2　日本古代の城

日本の古代、すなわち七～九世紀に日本列島の東と西に城が造られた。『日本書紀』によると、日本列島での恒常的な城柵《じょうさく》の初見は大化三（六四七）年に越国《こしのくに》（新潟県）に造られた渟足柵《ぬたりのき》で、翌年には同じく越に磐舟柵《いわふねのき》、斉明四（六五八）年七月初見の都岐沙羅柵造《つきさらのきのみやつこ》と日本海沿岸東北部の柵が続き、蝦夷《えみし》に備えて柵戸《きのへ》を置いたことが知られている。一方、西日本の古代城は天智二（六六三）年の白村江《はくすきのえ》敗戦直後に唐《とう》・新羅《しらぎ》軍の侵攻に備えて同三（六六四）年対馬《つしま》島・壱岐《いき》島・筑紫《つくし》国（福岡県）等に防人《さきもり》・烽《とぶひ》を置き、筑紫国に水城《みずき》を築いたのが嚆矢で、翌年長門《ながと》国（山口県）に一城、筑紫国の大野《おおの》城・基肄《きい》（椽）城（福岡・佐賀県）を亡命百済《くだら》官人の指導で築城し、同六（六六七）年倭《やまと》国（奈良県）に高安《たかやす》城、讃岐《さぬき》国（香川県）山田郡に屋島城《やしまのき》、対馬国に金田城《かなたのき》を築城、さらに同九（六七〇）年に長門国に一城、筑紫国に二城が築かれた。また、史書に築城年代の記載を欠くが、この頃に大津京の在った近江《おうみ》国（滋賀県）に三尾城《みおのき》、備後《びんご》国（広島県）に茨城《うまらのき》・常城《とこのき》、大宰府《だざいふ》管内に三野城《みののき》・稲積城《いなつみのき》等が築かれていたことが知られる。肥後《ひご》国（熊本県）の鞠智城《くくちのき》もその一つである。天武八（六七九）年には難波京に羅城《らじょう》が設けられた。

八世紀に入ると、西日本では城の修理と停廃が行なわれ、新規築城は神護景雲二（七六八）年完成の筑前国（福岡県）の怡土城《いとじょう》の他、大宝二（七〇二）年唱更《しょうこう》（＝薩摩《さつま》）国《こく》（鹿児島県）に国司の奏言で建てられた柵があるに過ぎない。これに対して東北日本では、和銅二（七〇九）年初見の出羽柵《いではのき》と天平五（七三三）年移転後の秋田城《あきたのき》、養老五（七二一）年前後に陸奥国《みちのく》（宮城県）に相次いで建設された多賀柵《たがのき》と玉造柵《たまつくりのき》等五柵、天平宝字三（七五九）年造営の陸奥国の桃生柵《もものうのき》（城）、同年出羽国（秋田県）の雄勝柵《おかちのき》（城）、神護景雲元（七六七）年の陸奥国の伊治《これはり》城、宝亀十一（七八〇）年造営の陸奥国の覚鱉《かくべつ》城が相次いで造営され、九世紀初めには北上川中流域の陸奥国（岩手県）内に胆沢《いさわ》城・志波《しわ》城、弘仁四（八一三）年頃に志波城を遷して徳丹《とくたん》城が造られた（図2）。

東北日本の城柵は、七世紀～八世紀中葉には「柵」と書かれ、西日本のそれは「城」と書かれている。それ以降には東西ともに「城」と記されるが、造営の表現では西日本の「城」は例外なく「築城」であり、東北日本の多くは「造城（柵）」あるいは「作城（柵）」であって、「築城」と記載された例は皆無である。また、造営に関する官職名も天平神護元（七六五）年大宰大弐佐伯今毛人《さえきのいまえみし》が「築怡土城専知官」に任命されたのに対して、延暦二十一（八〇二）年坂上田村麻呂は「造陸奥国胆沢城使」を命じられており、性格の相違を示している。また、東北日本の城柵には七世紀中葉から「柵造《きのみやつこ》」「柵判官《きのじょう》」、八世紀以降の出羽柵・多賀柵・秋田城等で国司、胆沢城での鎮守府官人の常駐が史料から窺えるとともに城柵遺跡の中央部に政庁跡の遺構が存在するが、西日本の城では築城・修理時以外には官人常駐の記事はなく、倉庫の遺構群はあるが政庁跡は確認されておらず、古代城の東西の差違を物語っている。[1]

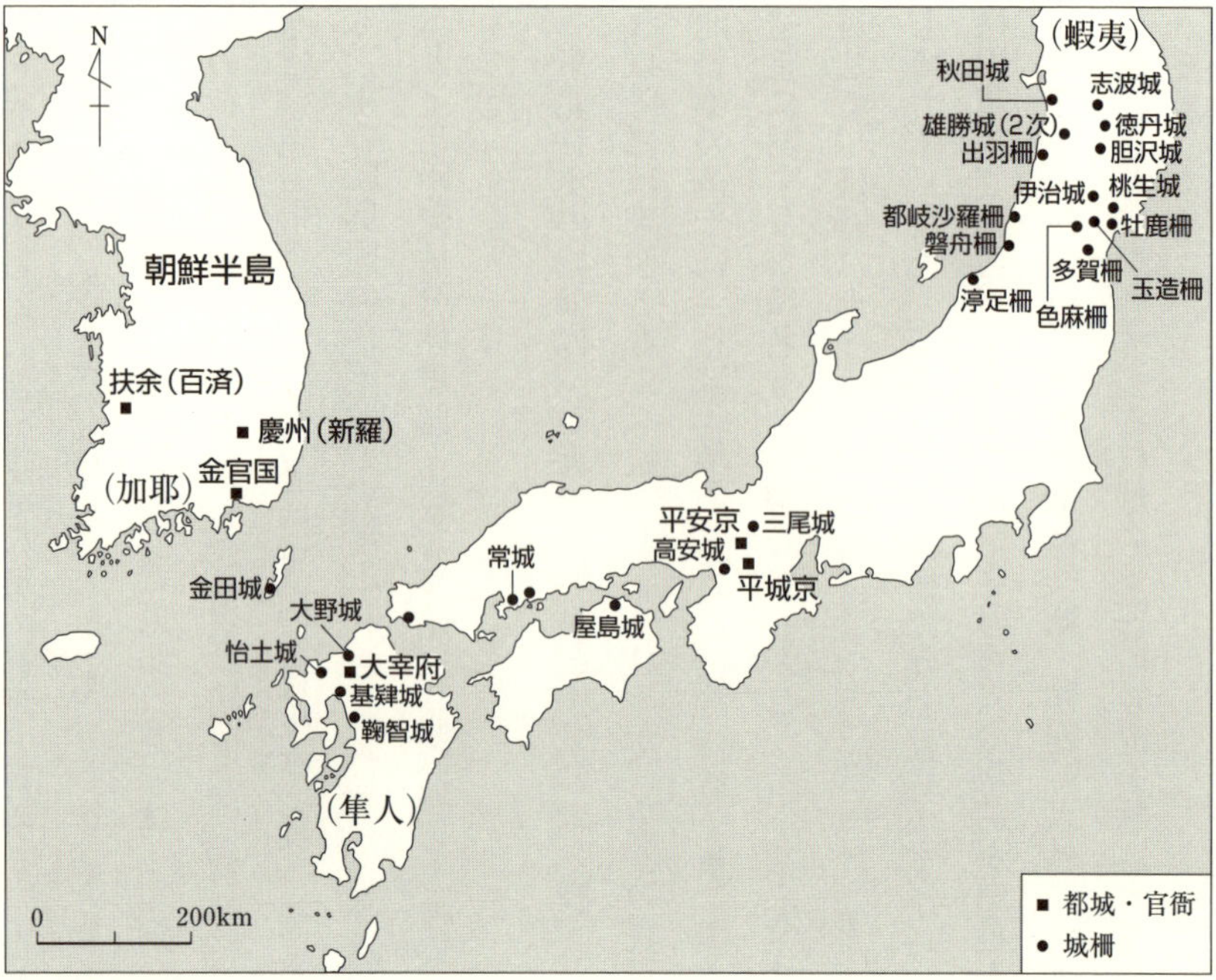

図2　史料に見える日本古代の城

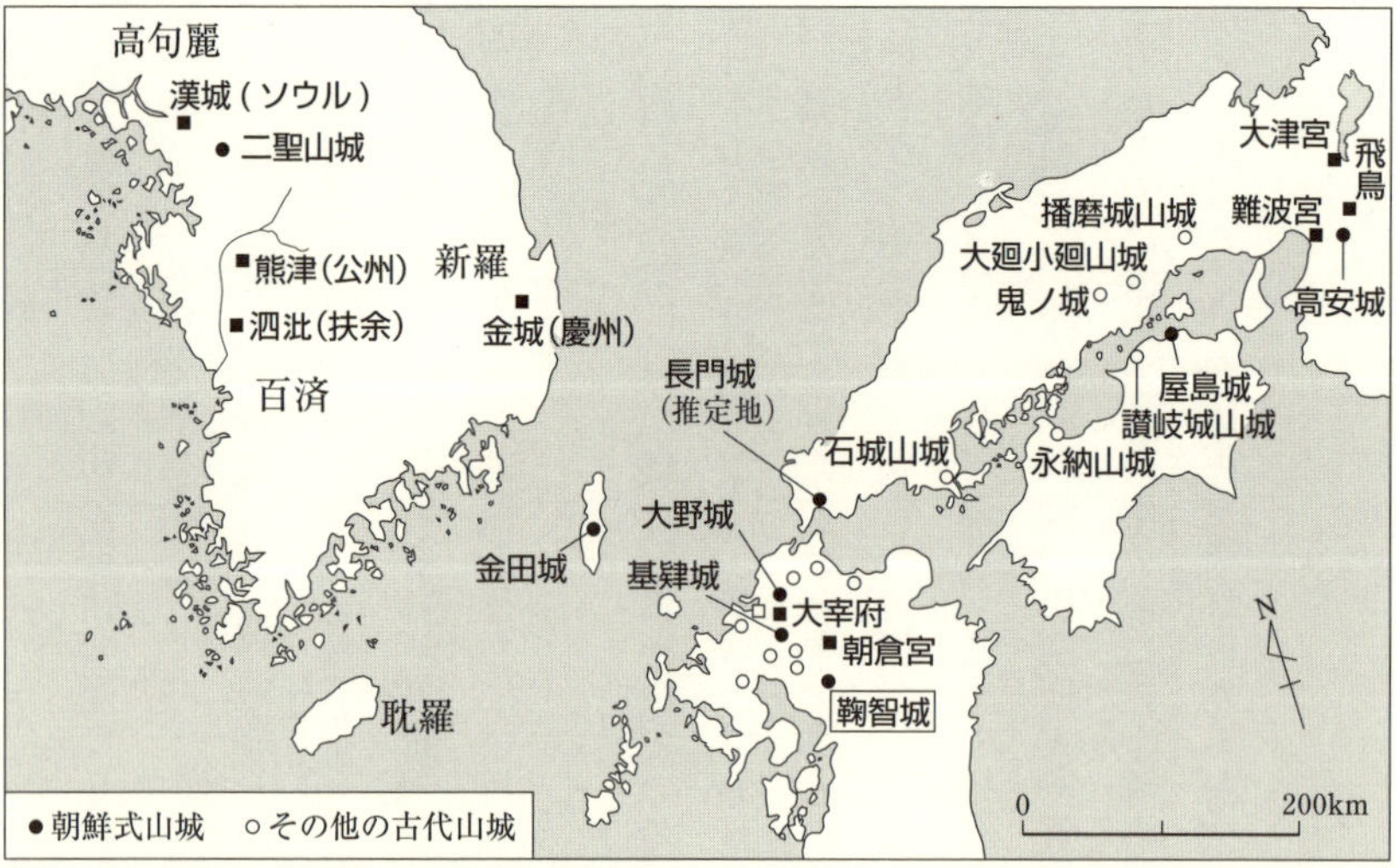

図3　古代山城の分布と古代の朝鮮半島

3　神籠石系山城と朝鮮式山城

近畿地方から九州地方北半部にかけて分布する古代山城跡は、神籠石《こうごいし》系山城と朝鮮式山城とに大別されている。朝鮮式山城とは、史書に城名・築城年代が明記される七世紀後半の山城で、百済の亡命官人が築城の指導に当ったことが知られ、朝鮮半島の三国時代の山城に形態・構造が類似するものである。大宰府の北と南にある大野城・基肄城がその代表例である。神籠石系山城は、兵庫県以西の瀬戸内海沿岸から九州北部に分布する史書に記載のない古代山城跡で、明治三十一（一八九八）年に筑後国（福岡県）久留米市の延喜式内大社高良山玉垂《こうらさんたまたれ》神社境内にある「神籠石」と呼ばれる切石列の存在が学界に報告され、その性格を巡って霊域説と古代山城説が対立、明治末年から大正初年にかけて論争され、類例が各地で報告された。今日では古代山城跡と認識されているが、築造年代では六世紀説から十世紀説まで、築造者も大和国家説・地方豪族説・朝鮮半島からの渡来人説等、多様な論が提起された(2)。

現在では、西日本の各地で史書には記載のない列石・石塁《せきるい》・水門の遺構を有する古代山城跡が発見されており、その発掘調査によって使用年代は七世紀後半から八世紀と認定されるので、朝鮮式山城と年代的に大差はない。大野城跡・基肄城跡と南北の高い山上に代表的朝鮮式山城がある大宰府地区でも、東方の宮地嶽《みやじだけ》（標高三三九メートル）で近年無名の古代山城跡が発見されている（図3）。

これらの西日本の古代山城は立地や構造によって様々に分類されているが、大観すると国府・郡家等の古代官衙《かんが》跡の近くに存在し、朝鮮半島の山城と同様に、その多くは戦乱時に地域の官人・住民が避難する「逃げ込み城」としての機能を想定して築城されたと考えられるものである。

4　古代山城としての鞠智城

鞠智城は、築造年代こそ史書に明記されていないが、文武二（六九八）年に大野城・基肄城とともに繕治されたことが『続日本紀《しょくにほんぎ》』に見え、発掘調査によって出土遺物の年代等から大野城跡と同年代の築造が推定されているから、朝鮮式山城の一つとすることができる。近年、鞠智城跡の貯水池跡から百済船載と推定される小仏像が出土したことも、造営への百済亡命官人の関与を暗示すると考えられる（口絵1）。城郭施設については、古代山城跡では山の尾根線上に土塁《どるい》が築かれ、谷を通過するところでは石垣が築かれて、各所に石垣を伴う城門や城内の水を排出する水門が設備されており、大野城跡では北に開いた谷を閉塞する百間《ひゃっけん》石垣のところに北城門跡があり、南部に大宰府口・坂本《さかもと》口・水城《みずき》口の三カ所の城門跡があって、おのおの山麓の大宰府政庁や水城等に対応している。また、西北部の屯水《とんすい》石垣では水門跡も発見されている（図4）。基肄城跡でも北門・東北門・東南門・南門の遺構が知られており、南門には石垣を伴う大規模な水門跡がある（九〇ページ図8）。

鞠智城跡では顕著な石垣はないものの地山削り出しや部分版築《はんちく》の土塁が巡り、東・西・南の三カ所で城門に伴う門礎《もんそ》が知られており、北に大きく開いた谷にも門礎こそ未発見ながら北門跡の存在が推定される。鞠智城の西門にあたる池ノ尾《いけのお》門礎附近では石積を伴う水門跡の遺構が検出されており、大野城・基肄城と同様の構成をもつことが知られる。城内の施設としても、大野城跡では創建期の掘立柱構造の建物跡少数を除き

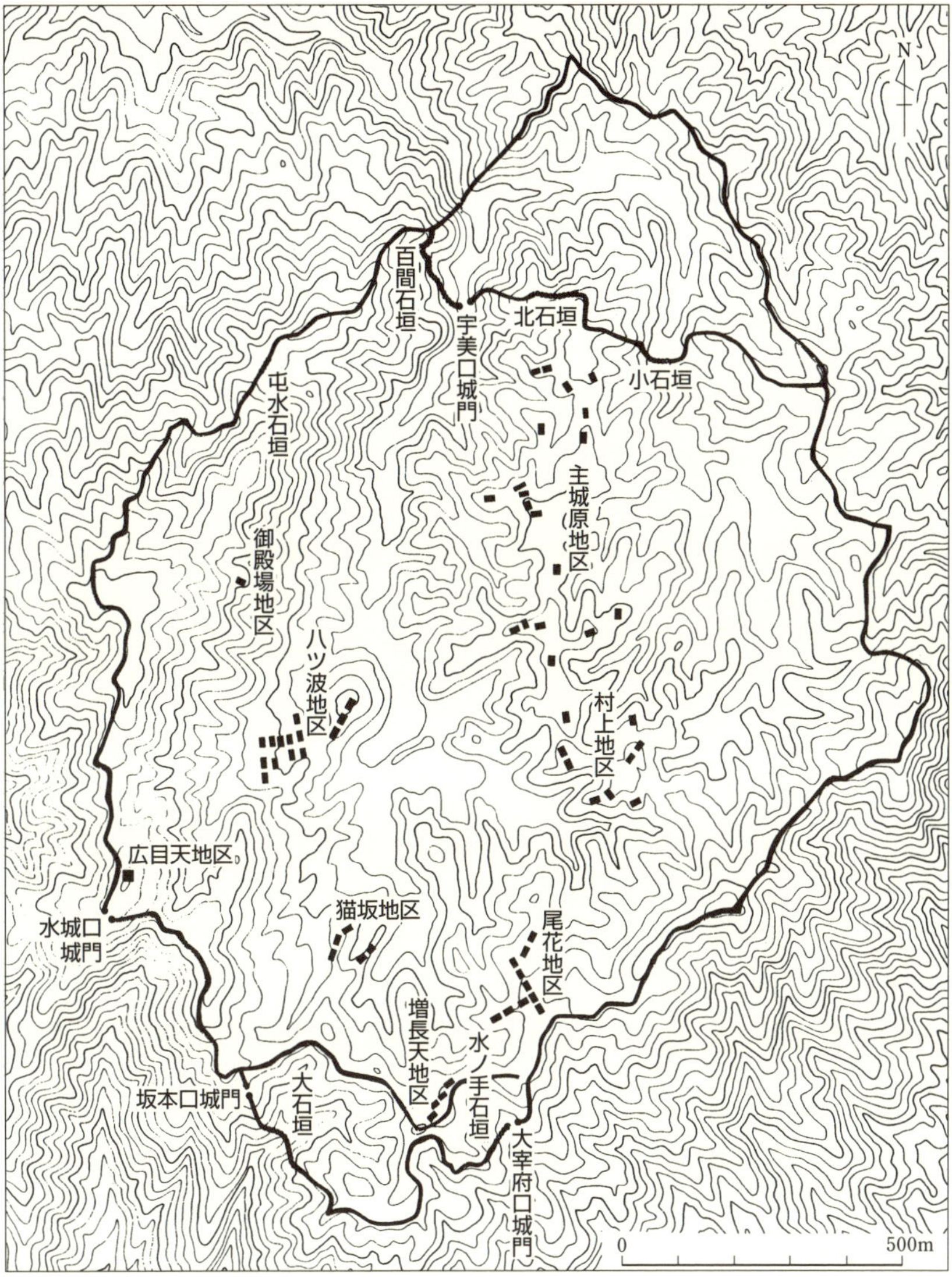

図４　大野城平面図（石松好雄・桑原滋郎『古代日本を発掘する４　大宰府と多賀城』岩波書店，1985年より）

大部分が総柱構造の礎石建物跡であり、倉庫としての使用が推定されている。基肄城跡でも多数の礎石《そせき》建ての倉庫跡群が点在する。鞠智城跡でも長者山を含む長者原《ちょうじゃばる》地区や上原《うえばる》地区で掘立柱《ほったてばしら》建物や礎石建ての倉庫跡が多数発見されており、炭化米《たんかまい》の出土から『日本文徳天皇実録《にほんもんとくてんのうじつろく》』天安二（八五八）年六月の条に見える「同（菊池）城の不動倉十一宇火《ひつ》く」の記事を裏付けている。このように鞠智城は大野城などの古代山城と基本的に同じ構成をもっていたことがわかる。

一方では、鞠智城跡に他の古代山城跡と異なる点があることも無視できない。①その立地を見ると、神籠石系山城跡を含めて、一般の古代山城跡の多くが玄界灘《げんかいなだ》・瀬戸内海《せとないかい》・有明海《ありあけかい》に面する高い山に立地するのに対して、鞠智城跡は海から離れた内陸に位置する。大野城跡・基肄城跡や福岡県朝倉市にある把木《はぎ》神籠石も内陸部に位置するが、前者は大宰府との関係、後者は斉明天皇の朝倉《あさくら》宮との関係で内陸に位置したと考えることができる。しかし、鞠智城跡の近くには有力な官衙施設跡が見られない。強いて挙げれば南方約三・五キロにあって肥後国菊池郡家跡と推定されている西寺《にしでら》遺跡があるが、古代国家が直接造営・管理した山城が郡家に付随すると見ることは困難である。②城の選地についても、古代山城の多くは標高三〇〇メートル前後の山上から谷を取り込む下り尾根と急斜面の地形にあるが、鞠智城跡は最高所でも標高一六九メートル、谷口の最低所は一〇〇メートル前後と平均一四〇メートル前後の比較的平坦な台地上に立地している。

③城内にある建物遺構については、鞠智城跡では発掘調査された長者原地区を中心として長者山地区・上原地区を一部含む地域から七二棟の建物跡が発見されており、規模構造が判明している建物のうち、倉と考えられる総柱建ての礎石建物跡二二棟（うち二棟は周囲に掘立柱列を有する）に対して掘立柱建ての総柱建物跡は一〇棟を数える。大野城跡に較べて掘立柱の総柱建物の数が多い。さらに官庁舎と考えられる側柱だけ

の掘立柱建物跡が二六棟もある。「屋」に穎稲を貯蔵することは『正倉院文書』にある天平九(七三七)年の「和泉監正税帳《いずみげんしょうぜいちょう》」(3)等にも見えるところであるが、鞠智城跡では棟数が多く、かつ床面積の大きい建物もあって、すべてを穀物を貯蔵する屋や倉の管理棟とすることには無理がある。しかも、中には兵舎かと推定される桁行一〇間×梁行三間の長大な掘立柱建物跡も見られる。さらに、鞠智城跡内の長者原地区と上原地区の境付近では複数の南北棟と東西棟の掘立柱建物跡が「コ」字形に配置されていたと推定される建物群がある。「コ」字形配置の建物群は律令古代の国府・郡家の政庁に見られる建物配置である。そのほか、各二時期の造替ある二棟の八角形平面の掘立柱建物跡は、鞠智城跡以外の古代山城では類例を見ない。城内施設の多様性は鞠智城跡の特色であり、城内に比較的平坦な台地を取り込んでいることとともに、多様な官衙施設を設置するために鞠智城が築造された、ないしは官衙施設を建設するために改修されたことを暗示している。

5 鞠智城と古代官道

ここで想起されるのは、東北日本に分布する古代城柵跡である。東北日本の古代城柵跡は、七世紀後半に造営されたことが判明している宮城県仙台市太白区の郡山《こおりやま》遺跡Ⅰ期官衙跡から、八世紀初頭の郡山遺跡Ⅱ期官衙跡・名生館《みょうだて》遺跡Ⅲ期遺構、八世紀前葉造営の多賀城跡・秋田城跡、八世紀中葉の桃生城跡、八世紀後葉の伊治城跡、九世紀初頭の胆沢城跡・志波城跡とこの時期に移転した雄勝城跡と推定される払田《ほった》柵遺跡、九世紀前葉の徳丹城跡など数多くの城柵跡が発掘調査されて、立地や規模・遺構の状況が判明している。これら東北日本の古代城柵跡は、平坦地あるいは比高数十メートルの台地上に立地し、高い丘陵地にあっても高

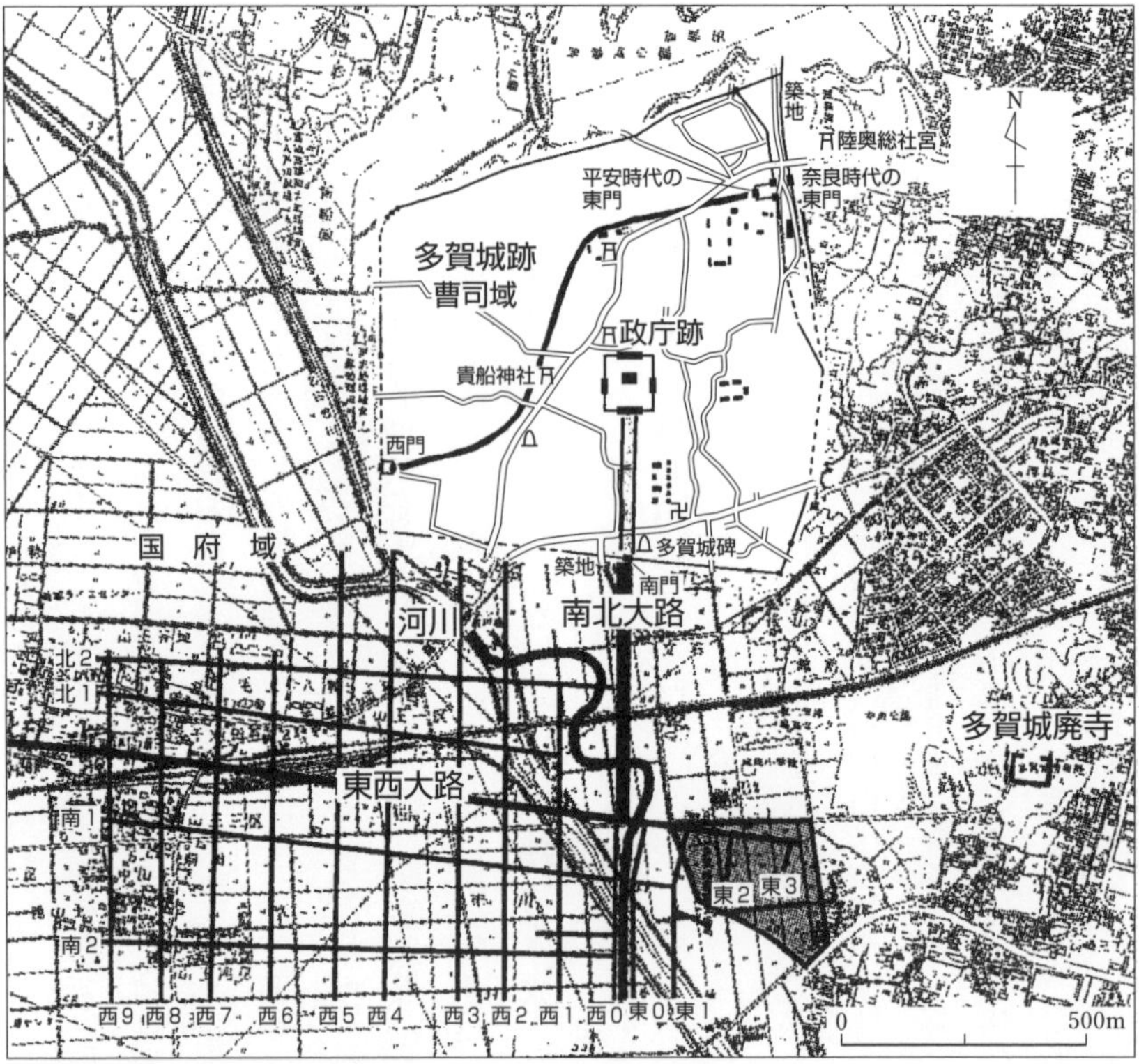

図5　多賀城跡の構成（青木和夫・岡田茂弘編『古代を考える　多賀城と古代東北』吉川弘文館，2006年，25図に加筆）

さ一〇〇メートルを超えることはない。その外郭施設は材木列塀・築《つい》地《じ》塀《べい》（一部に石塁を含む）・土塁と多様であるが、城内中央部に「コ」ないし「ロ」字形に建物群を配置した平面長方形の政庁域を有する点は共通している。曹司《ぞうし》や兵舎と推定される掘立柱建物跡が倉庫跡とともに発見されている（図5）。郡山遺跡Ⅰ期官衙跡のように初期の城柵には政庁域の近くに倉庫群を配置する例が認められるが、全時代を通じて城内で倉庫群が卓越することはない[4]。東北日本の古代城柵は、律令国家の辺境統治に関わる国府自体や鎮守府などの国家的な統治機能をもった施設と考えられている。これらの東北日本の古代城柵に類似する施設を有する鞠智城跡は、西日本に分布する他の古代山城とは異なり、単に戦乱時を想定した避難場所ではなく、より積極的な機能を付与されていたと考えざるをえない。付与された機能とは何であろうか。

　鞠智城跡は、古代肥後国府と推定される託麻《たくま》国府（熊本市）と離れている上、『延喜式《えんぎしき》』に記載された九州地方の諸駅を結ぶ官道―西海道《さいかいどう》[5]からも逸れているため、従来その性格が明らかでなかった。歴史地理学者の木下良は、福岡・佐賀・山口・滋賀の諸県にある「車路《くるまじ》」「車地《くるまじ》」地名のほとんどが駅路通過地にあることから、「車路」地名が古代官道の遺称であると提唱した。さらに熊本県菊池市大字吉富《よしとみ》字車地が『延喜式』による西海道のルートとは異なり、肥後国府と鞠智城跡を結ぶ近世の菊池街道にあるため、鞠智城への軍用道路と解釈した[6]。これを受けて鶴嶋俊彦も、「車路」関係地名を調査し、山鹿《やまが》市大字鍋田《なべた》字車路・同大字中字車地・菊池市大字出田《いでた》字車地・南車地・同大字野間口《のまぐち》字車町・同大字西寺《にしでら》字車町が存在することから、筑後・肥後の国境にあった大水《おおみず》駅から東行して鞠智城の南方を通過し、肥後国府の北側に位置する蚕養《こかい》駅に至る、『延喜式』に見える西海道ルートより古い駅路の可能性を指摘した[7]。さらに鶴嶋は肥後国北部の旧山鹿郡・菊池郡・合志《かわし》郡・山本《やまもと》郡・飽田《あきた》郡域を精査して、『延喜式』駅路と異なる駅路を「車路」と呼び、筑後《ちくご》国境から肥後国府に至る車路西海道本路と、鞠智城南方から分岐して豊後国を抜けて日向《ひゅうが》国に至る車路豊肥支路を、「車路」旧地名や発掘された道路遺構・道路と推定される帯状凹地の存在から推定した[8]。これらの道路復原が正鵠を射ているなら、鞠智城は南九州の西海道東西両ルートの結節点に位置することとなる（図6）。

　南九州が東の日向・大隅《おおすみ》両国と西の薩摩国に分かれることは知られているが、大隅国は和銅六（七一三）

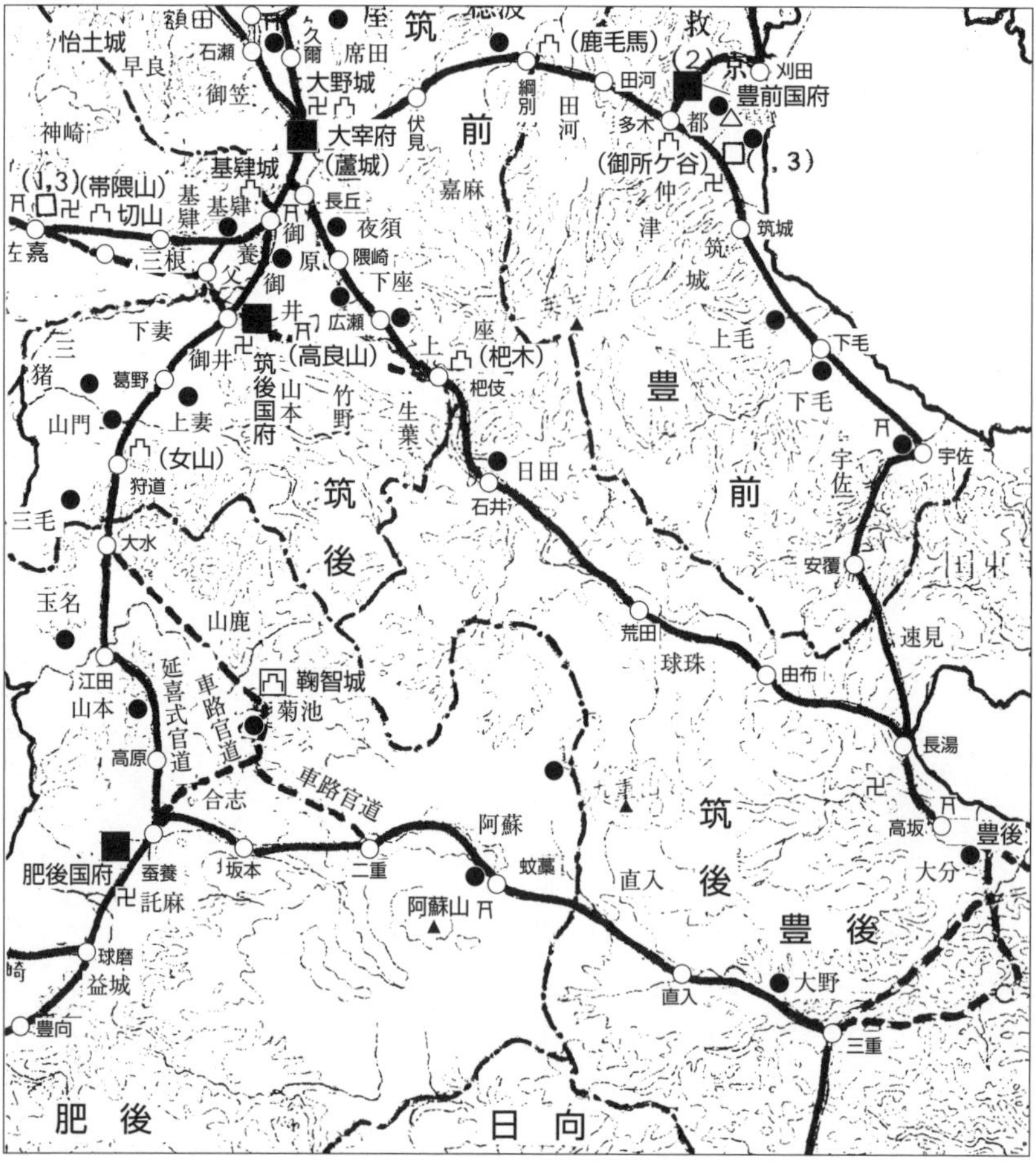

図6　鞠智城と肥後国内の車路・『延喜式』官道(『日本歴史地図』原始・古代編下，柏書房，1982年，木下良作成の19図に加筆修正)

年に日向国の四郡を割いて建国されたものであり、薩摩国は大宝二（七〇二）年八月の薩摩・多褹《たね》征討以降の成立であって、鞠智城築造時はもとより、鞠智城の名が史料に初見する文武二（六九八）年にも両国は存在せず、隼人《はやと》の居住地域であった。「大宰府をして大野・基肄・鞠智の三城を繕治《つくろ》はしむ」と『続日本紀』に記された文武二（六九八）年五月の直前に文忌寸博士《ふみのいみきはかせ》・刑部真木《おさかべのまき》ら八人が覓国使《くにまぎのつかい》として南西諸島に武器を携行して派遣された記事が見える。[9] 翌年七月に南西諸島の多褹・夜久《やく》・奄美《あまみ》・度感《とから》等の人々が朝貢する成果を挙げ、同十一月に使節は帰朝したが、派遣中に後の薩摩・大隅国にあたる地域の隼人の首領等から脅迫されたことが史料に見えるから、[10] 平和な使節ではなかった。史料に初見する「鞠智城の繕治」は南九州での不測の事態に備えたものと推測できる。すなわち、鞠智城は初期には南九州の統治に関わる大宰府の出先的な機能を有したと考えられる。

〔注〕

(1) 青木和夫・岡田茂弘編『古代を考える　多賀城と古代東北』（吉川弘文館、二〇〇六年）。
(2) 小田富士雄編『日本城郭史研究叢書10　北九州瀬戸内の古代山城』（名著出版、一九八三年）。
(3) 「和泉監正税帳」竹内理三編『寧楽遺文』上巻（東京堂、一九四二年）。
(4) 前注(1)に同じ。
(5) 『延喜式兵部省』諸国駅伝馬条。
(6) 木下良「「車路」考」『歴史地理研究と都市研究』（大明堂、一九七八年）。
(7) 鶴嶋俊彦「古代肥後国の交通路についての考察」『地理学研究』九号（駒沢大学大学院地理学学生研究室、一九七九年）。
(8) 鶴嶋俊彦「肥後国北部の古代官道」『古代交通研究』七号（古代交通研究会、一九九七年）。

(9)『続日本紀』巻一、文武二年夏四月壬寅条。
(10)『続日本紀』巻一、文武四年六月庚辰条。

古代史からみた鞠智城

佐藤　信

1　白村江の敗戦と鞠智城

隋に代わって六一八年に中国を統一して強大な帝国を築いた唐《とう》が高句麗《こうくり》への攻撃をはじめて朝鮮半島に進出する動きを見せると、東アジアの諸国はにわかに動乱の時代を迎えた。高句麗・百済《くだら》・新羅《しらぎ》・耽羅《たんら》そして倭《わ》などの諸国は、それぞれ存亡の危機を迎えて、国内における国家的集中を図ることになった。高句麗では重臣の泉蓋蘇文《せんがいそぶん》がクーデターを起こして権力を掌握し、百済では義慈《ぎじ》王が力を振るい、新羅は金春秋《きんしゅんじゅう》や金庾信《きんゆしん》らが女王を支え、倭では乙巳《いっし》の変で蘇我氏に代わって孝徳天皇や中大兄皇子たちの「改新」政権ができた。朝鮮半島・日本列島の諸国は、国内では中央集権化への動きを進めつつ、対外的には熾烈な外交戦を展開した。かつて隋が高句麗遠征に失敗して瓦解していったことを知る唐は、今度は新羅と同盟して高句麗・百済を挟

図1　発表中の佐藤信氏

撃する戦いを進めた。内部的な不統一もあって、ついに百済は六六〇年に王都扶余《プヨ》が陥落して義慈王らは唐都長安《ちょうあん》に連行され、同様に高句麗も六六八年に平壌城《ピョンヤン》が落城して滅んだ。
鬼室福信《きしつふくしん》をはじめとする百済の遺臣たちは、義慈王を失った後も根強い抵抗戦を展開して地盤を保ち、六六〇年倭に援軍を要請した。斉明天皇・中大兄皇子らを中心とする倭の王権は、ついにその要請に応えて、大規模な救援軍とともに倭にいた百済王子余豊璋《よほうしょう》を送り届けることとした。半島における百済の国家的存続が倭にとって有利と判断したものと思われる。ここに、百済復興勢力・倭対唐・新羅という国際戦争の枠組みができることとなった。

倭の王権は、百済救援の大軍を派遣すると同時に、斉明天皇や皇太子にあたる中大兄皇子をはじめ大海人皇子・中臣鎌足らの王権中枢メンバーがこぞって北九州に移動して戦いを近くから指導した。その動きは、斉明六（六六〇）年のうちに難波《なにわ》まで移り、斉明七（六六一）年正月には難波から「御船西征」して吉備《きび》や伊《い》予《よ》で軍勢動員しつつ北九州へ向かい、三月には娜大津《なのおおつ》に至っている。七月に斉明天皇が亡くなるが、中大兄皇子がその後の「海表の政」を進めた。

六六三年、百済復興勢力では、王として迎えられた余豊璋と鬼室福信との不和が深まり福信が斬首されてしまうなどの不統一が展開する中、八月に錦江《クムガン》の河口部の白村江《はくそんこう》の地で、倭の水軍が唐の水軍に挑み、大敗北を喫した。この敗北によって百済復興の道は途絶し、余豊璋は高句麗にのがれ、多くの百済の貴族や民衆は倭にのがれてくることになった。

白村江の戦いでは、唐軍は統制のとれた律令制にもとづく軍団であったのに対して、倭軍の実態は各地の地方豪族がそれぞれ率いる「国造軍」の集合体であったといえる。倭軍の作戦は『日本書紀』によれば「我

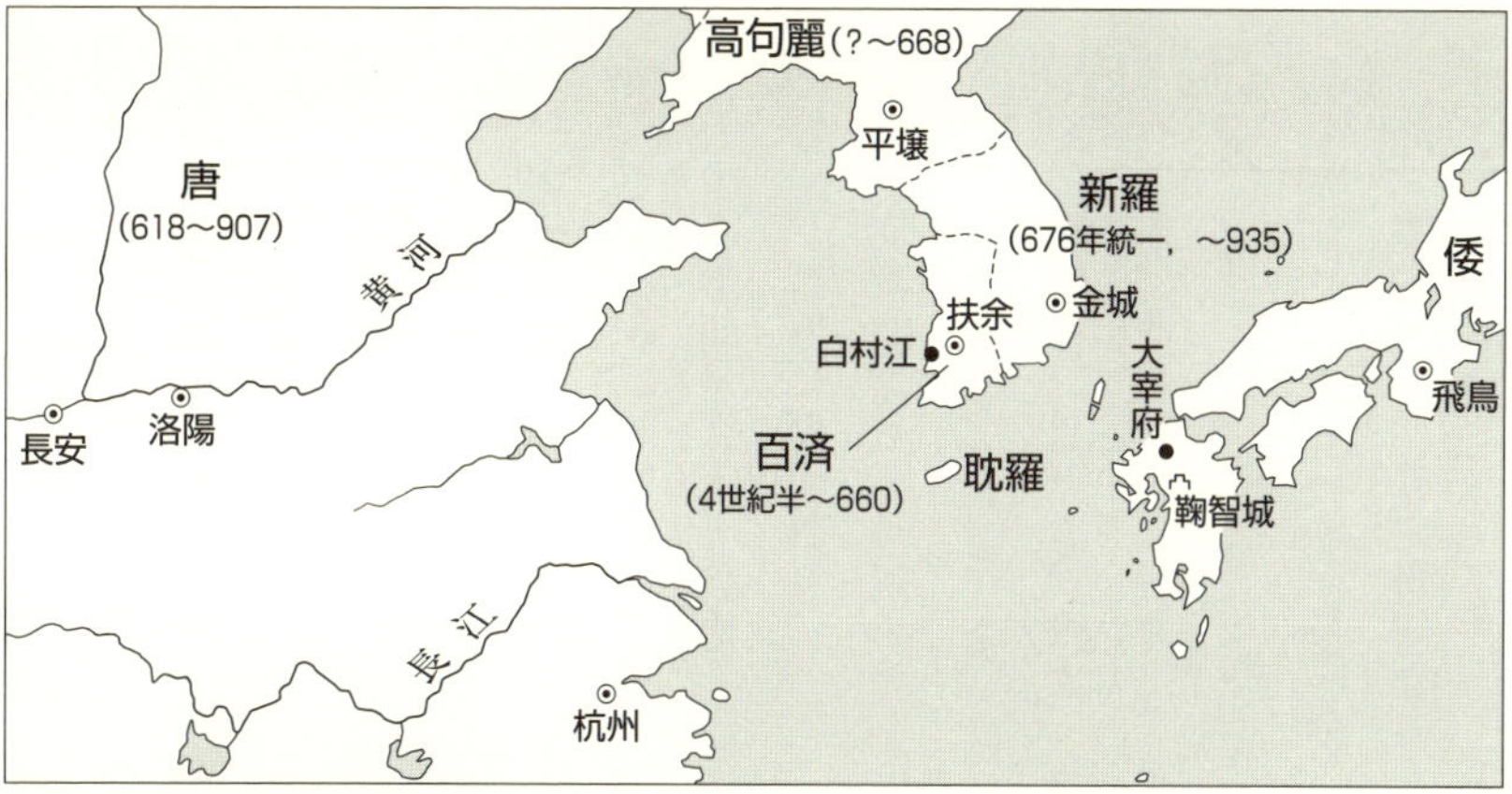

図2　7世紀中頃の東アジア

表1　百済救援軍の捕虜帰還者一覧

帰国年	西暦	出身国・郡		兵士名	出典
天智3年	664	—	—	土師連富杼 氷連老 筑紫君薩夜麻 弓削連元宝	日本書紀 持統4・10・乙丑条
天智10年	671	筑紫	—	筑紫君薩夜麻	日本書紀 天智10・11・甲午条
天武13年	684	— 筑前	— 那珂	猪使連子首 筑紫三宅連得許	日本書紀 天武13・12・癸未条
持統4年	690	筑後	上陽咩	大伴部博麻	日本書紀 持統4・9・丁酉条 持統4・10・乙丑条
持統10年	696	伊予 肥後	風速 皮石	物部薬 壬生諸石	日本書紀 持統10・4・戊戌条
文武 慶雲4年	707	讃岐 陸奥 筑後	那賀 信太 山門	錦部刀良 壬生五百足 許勢部形見	続日本紀 慶雲4・5・癸亥条
—		伊予	越知	大領先祖越智直	日本霊異記・上巻・第17
—		備後	三谷	大領先祖	日本霊異記・上巻・第7

板楠和子「文献に見る古代山城の成立とその過程」『古代山城鞠智城を考える』熊本県立歴史公園鞠智城・温故創生館，2005年より。

等先を争はば、彼自《おの》づからに退くべし」という程度のものであり、最初から敗北は見えていたように思える。
ところで、倭軍を構成した地方豪族軍は、列島のかなり広範囲に及ぶ地域の地方豪族たちからなっていたことが、捕虜として唐に連れていかれ、苦労の末に帰国を果たした人々についての『日本書紀』『続日本紀』等の記事から知られる（表1）。その記事の中には、次のようなものがある。

①『日本書紀』天武十三（六八四）年十二月癸未条

大唐の学生土師宿禰《はじのすくね》甥《おい》・白猪史《しらいのふひと》宝然《ほね》、及び百済の役の時に大唐に没《をさ》められたる者猪使連《いつかいのむらじ》子《こ》首《おびと》・筑紫《つくしの》三宅連《みやけのむらじ》得許《とくこ》、新羅に伝ひて至り。則ち新羅、大那末金物儒を遣して、甥等を筑紫に送る。

②『日本書紀』持統四（六九〇）年九月丁酉条・十月乙丑条

大唐の学問僧智宗・義徳・浄願、軍丁筑紫国の上陽咩《かみつやめ》郡の大伴部博麻《おおともべのはかま》、新羅の送使大那末金高訓等に従ひて、筑紫に還至れり。

軍丁筑紫国の上陽咩郡の人大伴部博麻に詔して曰はく、「天豊財重日足姫天皇（斉明）の七（六六一）年に、百済を救ふ役に、汝、唐の軍の為に虜にせられたり。天命開別天皇（天智）三（六六四）年に洎《およ》びて、土師連《はじのむらじ》富杼《ほど》・氷連《ひのむらじ》老《おゆ》・筑紫君《つくしのきみ》薩夜麻《さちやま》・弓削連《ゆげのむらじ》元宝《げんぽう》の児、四人、唐人の計る所を奏聞《きこえまう》さむと思《お》欲《も》へども、衣粮無きに縁りて、達《とづ》くこと能はざることを憂ふ。是に、博麻、土師富杼等に謂《かた》りて曰はく、『我、汝と共に、本朝に還向《まうおもむ》かむとすれども、衣粮無きに縁りて、倶に去《ゆ》くこと能はず。願ふ、我が身を売りて、衣食に充てよ』といふ。富杼等、博麻が計の依《まま》に、天朝に通《とづ》くこと得たり。汝、独他界に淹滞《ひさしくとどま》ること、今に卅年なり。朕《われ》、厥《そ》の朝を尊び国を愛《おも》ひて、己を売りて忠を顕すことを嘉《よろこ》ぶ。故に務大肆、幷《あはせ》て絁《ふとぎぬ》五匹・綿一十屯・布三十端・稲一千束・水田四町賜ふ。其の水田は曾孫に及《い》至《た》せ。三族の課役を免して、其の功を顕さむ」とのたまふ。

③『日本書紀』持統十（六九六）年四月戊戌条

追大弐を以て、伊予国の風速郡のひと物部薬《もののべのくすり》と、肥後国の皮石郡のひと壬生諸石《みぶのもろいわ》とに授けたまふ。幷て人ごとに絁四匹・絲十絇・布廿端・鍬廿口・稲一千束・水田四町賜ふ。戸の調役復す。以て久しく唐の地に苦ぶることを慰《ねぎら》ひたまふとなり。

④『続日本紀《しょくにほんぎ》』慶雲四（七〇七）年五月癸亥条

讃岐国那賀郡錦部刀良《にしきべのとら》、陸奥国信太郡壬生五百足《みぶのいおたり》、筑後国山門郡許勢部形見《こせべのかたみ》等に、各衣一襲と塩・穀とを賜ふ。初め百済を救ひしとき、官軍利あらず。刀良ら、唐の兵の虜にせられ、没して官戸と作《な》り、卌余年を歴て免《ゆる》されぬ。刀良、是に至りて我が使粟田朝臣真人《あわたのあそんまひと》らに遇ひて、随ひて帰朝す。その勤苦を憐みて、此の賜有り。

これらの記事によれば、九州や中国・四国地方だけでなく、陸奥《むつ》国の勢力まで動員されていたことが知られる。多くの地方豪族が白村江の敗戦を体験して国家的な危機を実感したことは、この後の中央集権的な律令国家形成に向けての動きを促進する上で大いにプラスとなったことが指摘できよう。

ところで③の記事からは、鞠智城《きくちじょう》が築かれることになる肥後《ひご》国内の皮石《かわし》（合志）郡の地方豪族も白村江の戦いに参戦していたことがうかがえる。肥後の地も、この東アジアの国際戦争と密接な関係をもっていたものといえる。

天智二（六六三）年の白村江の敗戦を受けて、唐・新羅連合軍がすぐにでも倭に攻め込んでくる可能性があるということで、倭では緊急の防衛体制の整備に努めることとなった。『日本書紀』によれば、天智三

（六六四）年に、対馬島《つしま》・壱岐島《いき》や筑紫《つくし》国等に防人《さきもり》と烽《とぶひ》を置くとともに、筑紫に大きな堤を築いて貯水する「水城《みずき》」を築いて緊急に備えている。また天智四年八月には、亡命してきた百済貴族の力により、長門《ながと》国の「長門城」や筑紫国の大野《おおの》城・基肄《きい》城（椽城）などの古代朝鮮式山城《やまじろ》を築城している。半島の進んだ築城技術を用いて、それまでにない構造をもつ古代朝鮮式山城が九州・瀬戸内から近畿地方にかけて営まれている。

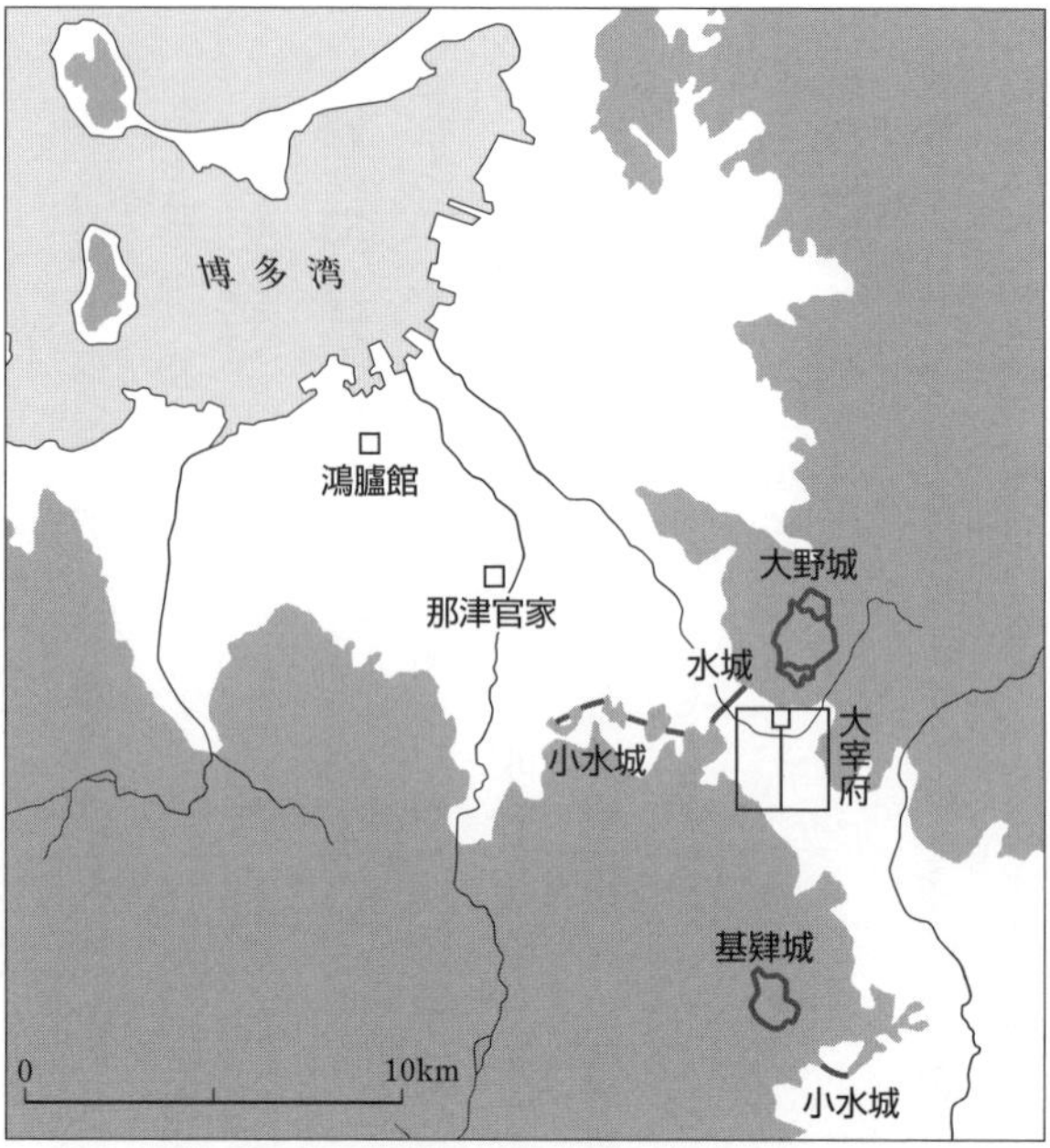

図３　大宰府周辺の防衛線（石松好雄・桑原滋郎『古代日本を発掘する４　大宰府と多賀城』岩波書店，1985年より）

⑤『日本書紀』天智三（六六四）年是歳条

是歳、対馬島・壹岐島・筑紫国等に、防《さきもり》と烽とを置く。又筑紫に、大堤を築きて水を貯へしむ。名《なづ》けて水城と曰ふ。

⑥『日本書紀』天智四（六六五）年八月条

達率答㶱春初《たっそつとうほんしゅんそ》を遣して、城を長門国に築かしむ。達率憶礼福留《おくらいふくる》・達率四比福夫《しひふくぶ》を筑紫国に遣して、大野及び椽（基肄）、二城を築かしむ。

築城技術としては、たとえば大野城の「百間《ひゃっけん》石垣」と呼ばれる山腹を取り囲む高く長い石垣のライン、谷部の石垣に開く水門や城門などに半島伝来の進んだ技術がうかがえよう。また水城は、幅六〇メートル・深さ四メートルの水濠と大堤からなり、東門・西門の二カ所しか道が通らない構造となっており、大軍を押しとどめられる機能をもっている。大堤の版築《はんちく》に際しては敷粗朶《しきそだ》工法が採られ、掘立柱《ほったてばしら》の埋め殺し工法も見られるなど、半島系の技術ということができよう。

ところで、鞠智城の造営については、『日本書紀』が百済からの亡命貴族である達率の憶礼福留・四比福夫らによって天智四年八月に大野城・基肄城が築かれたことを記しているような、築城の記録が残っていない。しかし、『続日本紀』では文武二（六九八）年五月に、上記の大野城・基肄城とともに鞠智城を合わせた三城の修繕が命じられている。

⑦『続日本紀』文武二（六九八）年五月甲申条

大宰府をして大野・基肄・鞠智の三城を繕治《つくろ》はしむ。

六六三年の白村江の敗戦による危機感によって大野城・基肄城が築かれたように、鞠智城も同時期に築かれたからこそ、修繕も同時期に必要となったとみるのが、自然であろう。そしてその修繕は、中央政府から大宰府《だざいふ》に対して命じられており、大宰府が大野城・基肄城とともに鞠智城をも直接管轄していたことが知られる。

実は、鞠智城の修繕の翌文武三（六九九）年十二月にも、大宰府に対して三野《みの》城・稲積《いなづみ》城の修繕が命じられている。これらの城も、対外防備のための古代朝鮮式山城であろう。

⑧『続日本紀』文武三（六九九）年十二月甲申条

大宰府をして三野・稲積の二城を修《つく》らしむ。

このうち三野城については、筑前《ちくぜん》国那珂《なか》郡海部《あま》郷の美野《みの》駅付近に推定する吉田東伍『大日本地名辞書』の説がある。稲積城については、やはり吉田東伍『大日本地名辞書』が筑前国志麻《しま》郡志麻郷（糸島《いとしま》市志摩）稲《いな》留《とめ》付近に推定しており、青木和夫説は、同地の「火山《ひやま》」（標高二四四メートル）に推定している。このうち稲積城が置かれた筑前国志麻郡には、のちに述べるように、大宝二（七〇二）年「筑前国嶋郡川辺《かわのべ》里戸籍」に、肥君《ひのきみ》猪手《のいで》という肥後《ひご》の地方豪族系の人物が嶋《しま》（志麻）郡大領《だいりょう》として存在していた。対外的な玄関の地で対外防備のための古代朝鮮式山城を抱える筑前国志麻郡の地にも、肥後の有力地方豪族肥君が郡司として存在していたのである。

防衛の要地に築かれた古代朝鮮式山城は、同時に天智三（六六四）年に置かれた烽《とぶひ》の連絡網とも結びつく防衛施設であった。烽は、外敵の襲来という危急を伝えるための高速情報伝達手段であり、同時に大宰府や宮都まで続く連絡網の繋がりが機能しなければ無意味となるものであった。

律令の烽の制度では、兵部《ひょうぶ》省の長官「卿」の職掌に「烽火の事」（職員令24兵部省条）とあるように、烽は軍事制度として位置づけられ、地方では大宰府の長官「帥《そち》」の職掌に「烽候」（職員令69大宰府条）、諸国の国司の長官「守《かみ》」の職掌に「烽候」（職員令70大国条）とあるように、大宰帥・国守が管轄した。軍防令《ぐんぼうりょう》に規定するように、烽は四〇里ごとに置かれ、昼夜警戒して異常のある時は昼はのろし、夜は火を挙げて次の烽に連絡を伝える。外敵の数などの様子に応じて、のろしの挙げ方を変えるものである。そして、国司はしかるべき有力者を烽長に任じ、配下の烽子とともに烽を維持させることになっている。

⑨軍防令66置烽条

凡そ烽置くことは、皆相ひ去らむこと四十里。若し山岡隔り絶えて、便《べん》に遂《したが》ひて安置すべきこと有らば、但し相ひ照し見ること得しめよ。必ず要《かなら》ずしも四十里を限らず。

⑩軍防令67烽昼夜条

凡そ烽は、昼夜時を分ちて候《うかが》ひ望め。若し烽放つべくは、昼は烟《えん》を放ち、夜は火を放つ。其れ烟一刻尽し、火一炬尽すまでに、前烽応《こた》へずは、即ち脚力を差して、往《や》りて前烽に告げよ。候失へる所由を問ひ知りて、速かに所在の官司に申せ。

⑪軍防令68有賊入境条

凡そ賊有りて境に入らむ、烽放つべくは、其れ賊衆の多少、烽の数の節級は、並に別式に依れ。

⑫軍防令69烽長条

凡そ烽には長二人置け。三烽以下を検校せよ。唯し境越ゆること得ざらむ。国司、所部の人の家口重大にして、検校に堪へたらむ者を簡びて充てよ。若し無くは、通《かよ》ひて散位《さんに》、勲位を用ゐよ。分番して上下せよ。三年に一たび替へよ。交替の日に、新人を教へて通ひて解《し》らしめよ。然うして後に相ひ代れ。其の烽修理すべくは、皆烽子を役せよ。公事に非ずよりは、輙《たやす》く守る所を離るること得じ。

⑬軍防令70配烽子条

凡そ烽には、各烽子四人配《あ》てよ。若し丁無からむ処は、通ひて次丁を取れ。近きを以て遠きに及べ。均分して番に配てよ。次を以て上下せよ。

対外的危機に対処して烽をはじめて設置した『日本書紀』天智三年是歳条の記事には、烽を設ける地を「対馬島・壹岐島・筑紫国等」としているが、実際には九州の各地に烽の連絡網が設定された。その様相は、『肥前国風土記《ひぜんのくにふどき》』『豊後《ぶんご》国風土記』の烽記事に見ることができる。

『肥前国風土記』には、七郡に計二〇カ所の烽が記されている。養父《やぶ》郡・神埼《かんざき》郡・小城《おき》郡に一所、松浦《まつら》郡に八所、藤津《ふじつ》郡に一所、彼杵《そのき》郡に三所、高来《たかく》郡に五所という分布である。このうち松浦郡には、「褶振峰《ひれふりのみね》郡の東に在り。烽家。名を褶振烽と曰ふ。」とあり、また「値嘉郷《ちかのさと》郡の西南の海中に在り。烽家三所有り。」とあるように、烽には烽長や烽子が勤める「烽家」という施設が置かれたことが知られる。肥前国の対馬海峡に面した地域だけでなく、有明海《ありあけかい》側にも烽の連絡網が組まれていることに注意したい。また『豊後国風土記』にも、四郡に計五カ所の烽が記されており、大野郡に一所、海部《あま》郡に二所、大分《おおいた》郡に一所、速見《はやみ》郡に一所という分布である。これらの烽も、関門《かんもん》海峡より東南の内海側に配されていることに留意したい。

これらの烽が実際に機能した様子は、天平十二（七四〇）年に西海道で起きた大宰少弐藤原広嗣《ひろつぐ》の乱の記録に見ることができる。

⑭『続日本紀』天平十二（七四〇）年九月戊申条
間諜《うかみ》申して云はく、「広嗣は遠珂《をか》の郡家に軍営を造り、兵弩を儲く。而して烽火を挙げて国内の兵を徴り発せりといふ」とまうす。

⑮『続日本紀』天平十二（七四〇）年十月壬戌条
逆賊広嗣謀りて云はく、「三道より往かむ。即ち広嗣自ら大隅・薩摩・筑前・豊後等の国の軍合せて五千人を率ゐて、鞍手道より往かむ。綱手は筑後・肥前等の国の軍合せて五千許人を率ゐて、豊後国より往け。多胡古麻呂、率ゐる軍の数を知らず。田河道より往け」といふ。

ここで藤原広嗣は、烽火を挙げて諸国の兵を徴発している。大宰府の烽火による徴兵は外敵に対応するという原則であるから、諸国ではすぐに最大限の軍団兵士の動員が行われたものと思われる。広嗣側に動員された諸国の軍勢としては、『続日本紀』の記事により藤原広嗣が率いた大隅《おおすみ》・薩摩《さつま》・筑前・豊後等の国の軍五〇〇〇人、藤原綱手《つなて》が率いた筑後《ちくご》・肥前等の国の軍五〇〇〇許人、そして多胡古麻呂《たこのこまろ》が率いた数未詳の軍が知られるが、肥後国の軍は明記されていない。広嗣軍のうち多胡古麻呂の軍が肥後の軍団ならば、四軍団の定員四〇〇〇人(弘仁四〈八一三〉年まで)であったことになろう。肥後国の軍団については、平城宮跡から出土した木簡の中に、題籤軸《だいせんじく》の小口《こぐち》に細字で墨書《ぼくしょ》した「肥後国第三益城軍団養老七年兵士歴名帳」という木簡があり(二四ページ参照)、養老七(七二三)年に肥後国の第三の益城《ましき》郡に置かれた「益城軍団」に属する軍団兵士の名前を書き上げた紙の帳簿が公文書として宮都に送られていたことが知られている。

大宰府管下の西海道《さいかいどう》の軍団は、防人とは別に防衛のための基盤となる軍事力であり、延暦十一(七九二)年六月に諸国の律令軍団制が停廃された時も、辺要の陸奥・出羽《でわ》・佐渡《さど》と大宰府管内諸国とは停廃対象からは除外されて、軍団制が存続している。延暦十四(七九五)年には壱岐・対馬以外の防人が停止され、さらに延暦二十三年(八〇四)には壱岐の防人も停止されているから、対外的防備も、次第に西海道の軍団に依存することになったとみられる。延暦十八(七九九)年四月十三日太政官符《だじょうかんぷ》(『類聚三代格《るいじゅうさんだいきゃく》』)によれば、「内外無事で防御の恐れなく、空しく民力を費やす烽燧の設は不要」として全国的に烽候が停廃されたものの、大宰府管内に限ってのみ旧のまま設置が続けられていることは、やはり対外関係において西海道が担った特別な重要性が指摘されよう。

2　鞠智城の立地

鞠智城の立地を考える時、九州でも大宰府の南方に奥まっており、海岸線からも内陸に入っていることから、前線ではなく後方支援の基地とみたり、南方の隼人《はやと》勢力に対峙するものとみる見方がある。しかし、有明海は国際関係と非常に密接な関係にあり、鞠智城の立地は、菊池《きくち》川流域の生産地帯を見渡す地であると同時に、筑紫から薩摩に向かう古代西海道の南北交通路の路線に近く、有明海側から東海岸の豊後・日向《ひゅうが》に向かう東西交通路も押さえる立地ということは見逃せないだろう。

九州の有明海と国際関係の結びつきとしては、六世紀前半頃の筑紫国造《つくしのくにのみやつこ》磐井《いわい》の戦いで知られる筑紫国（のち筑前・筑後）・火国（のち肥前・肥後）・豊国（のち豊前・豊後）を勢力基盤とした筑紫君磐井の本拠地が、肥後のすぐ北に隣接する筑後にあり、有明海側北部の福岡県八女《やめ》市の八女古墳群岩戸山《いわとやま》古墳の周辺と考えられることが思い起こされる。『日本書紀』によれば、磐井は、新羅と通交したほか、高句麗・百済・新羅・加耶《かや》などの諸国の外交使節を自らのもとに招致して畿内《きない》の大王《おおきみ》のもとには行かせなかったという。筑後の磐井が朝鮮半島諸国との国際関係を展開した背景には、北九州の博多湾沿いの、たとえば磐井の戦いの後に磐井の息子の葛子《くずこ》が贖罪のため大王に提出した糟屋屯倉《かすやのみやけ》の地などを拠点とした交流だけでなく、有明海側の海路を使った対外交流のコースも、十分に考えられよう。

『筑後国風土記』逸文《いつぶん》によって磐井が生前に営んだ墳墓とみられる岩戸山古墳や八女古墳群を中心に、五世紀後半から六世紀前半にかけてみられる石人《せきじん》・石馬《せきば》の古墳文化圏は、そのまま磐井の勢力圏に対応するも

図 4　岩戸山古墳全景

図 5　岩戸山古墳の石人

図 6　岩戸山古墳の石馬

図 7　江田船山古墳出土鉄刀銘

のとされている。この石人・石馬の材料とされたのが阿蘇凝灰岩《ぎょうかいがん》であり、火国（肥前・肥後）の阿蘇の石が磐井の勢力圏を象徴する素材となったのであった。

火国の古墳文化の展開を考える時、重要なのは、江田船山《えたふなやま》古墳（熊本県和水町《なごみ》）出土鉄刀銘であろう。ワカタケル大王（倭王武・雄略天皇）と火国（肥後）の地方豪族との関係を象徴する金石文《きんせきぶん》といえる。大王に「奉事」する文官の「典曹人」として无利弖《むりて》という豪族が、大刀を作らせてその刀背部に銘文を銀象嵌《ぎんぞうがん》で刻ませたというものである。无利弖にとっては「其の統ぶる所を失はず」という目的のためであり、在地における自らの統治権を維持するために大王への奉仕関係を利用する地方豪族の立場と、地方豪族を取り込みつつ日本列島の東西に勢力を拡大しつつある大王の立場の重層を読み取れよう。无利弖が「作刀者」の倭人技術者や「書者張安」という文筆を担う渡来人を配下に抱えていることも、注目される。一方、この鉄刀とともに出土した副葬品の金銅製の冠・耳飾り・履《くつ》や馬具など優秀な金属製品は、朝鮮半島の百済系の品といわれ、肥後の地方豪族による対外交流のあり方を示す如実な遺物といえる。

⑯江田船山古墳出土鉄刀銘（東京国立博物館保管）

治天下獲□□□鹵大王世、奉事典曹人名无利弖、八月中、用大鉄釜、幷四尺廷刀、八十練□十捃、三寸上好□刀。服此刀者、長寿、子孫洋々、得□恩也。不失其所統。作刀者名伊太□、書者張安也

肥後の地方豪族である肥君たちが、対外関係の中で活躍した様子も、ここで見ておきたい。その代表格は、火葦北国造刑部靫部阿利斯登《ひのあしきたのくにのみやつこおさかべのゆげいありしと》とその子の日羅《にちら》（〜五八三）の二人である。六世紀初めに倭の王権で力を振るった大伴氏によって、半島南部の加耶の地における倭の権益の維持をめざして半島に派遣されたのが火葦北国造刑部靫部阿利斯登であった。そしてその子が日羅である。日羅は、百済王に仕えて優れた才により達

率（百済の十六等官位の第二）にまでのぼった、倭人系の百済官人ともいうべき人物である。敏達天皇の時代に、半島政策への諮問を求める倭の大王の要請に従い、百済から倭に渡った。吉備児島屯倉《きびのこじまのみやけ》、難波館《なにわのむろつみ》を経て河内《かわち》国の阿斗桑市《あとのくわのいち》の館に入り、諮問に答えるが、しばらくして百済の使者に暗殺されてしまう。日羅は、一度蘇って暗殺者は百済使で新羅側ではないことを伝えたといい、百済・新羅・倭の三国の国際関係をめぐって活躍した人物といえよう。暗殺した百済使の処分は、日羅の一族にゆだねられ、一族はのちに日羅を肥後国葦北に移葬したという。六世紀前半は、朝鮮半島南部の加耶の地をめぐり、北方・東方から高句麗進出の圧力を受けた百済や新羅が勢力を伸ばしてきた時代で、倭は加耶の存続を図る方向で関与しつづけた時期であった。結局、五一二年に百済が加耶の西部を勢力下に収め、のち五六二年には新羅が残る加耶をすべて併合することになった。こうした激動の時期に、日羅は肥後国に一族をもつ倭人系の百済官人として朝鮮半島において活躍したのであった。

⑰『日本書紀』敏達十二（五八三）年七月朔条

詔して曰はく、「我が先考天皇（欽明）の世に属《あた》りて、新羅、内官家《うちつみやけ》を滅せり。……先考天皇、任那を復《かへした》てむことを謀りたまへり。果さずして崩《かむあが》りまして、其の志を成さずなりき。是を以て、朕《われ》、当に神《あや》しき謀《はかりこと》を助け奉りて、任那を復興《おこした》てむとおもふ。今百済に在る、火葦北国造阿利斯登が子達率日羅、賢《さか》しくして勇あり。故《かれ》、朕、其の人と相計らむと欲《おも》ふ」とのたまふ。

⑱『日本書紀』敏達十二（五八三）年是歳条

日羅、……「檜隈宮御寓《ひのくまのみやにあめのしたしらしめす》天皇（宣化）の世に、我が君大伴金村大連《おほとものかなむらのおほむらじ》、国家の奉為《おほみため》に、海表《わたのほか》に使しし、火葦北国造刑部靫部阿利斯登の子、臣、達率日羅、天皇の召すと聞きたまへて、恐《おそ》り畏みて来朝《まうけ》り」とまうす。……是に日羅、桑市村より、難波の館に遷る。徳爾等、昼夜相計りて、殺さむとす。……遂に十二月の晦に、光失ふを候《うかが》ひて殺しつ。日羅、更に蘇生《よみがへ》りて曰はく、「此は是、我が駆使奴等せる所なり。新羅には非ず」といふ。……乃ち使を葦北に遣して、悉に日羅の眷属を召して、徳爾等を賜ひて、情の任に決罪しむ。是の時に、葦北君等、受《うけと》りて皆殺して、弥売嶋に投《す》つ。……日羅を以て、葦北に移し葬る。……

肥（火）国の地方豪族は、このように東アジアの国際関係の中で活躍したが、さらに『日本書紀』欽明十七（五五六）年正月条には、百済王子恵《けい》を本国に護送するために阿倍臣《あべのおみ》・佐伯連《さえきのむらじ》・播磨直《はりまのあたい》らと筑紫の「舟師《いくさ》」（水軍）を派遣したことに関連して、次の記載がみられ、火君関係者が軍事的にも活躍した様子がうかがえる。

⑲『日本書紀』欽明十七（五五六）年正月条

別に筑紫火君〔百済本記に云はく、筑紫君の児、火中君《ひのなかのきみ》の弟なりといふ。〕を遣して、勇士一千を率て、衛《まも》りて弥弖〔弥弖は津の名なり。〕に送らしむ。

また、肥君としてよく知られる人物が、正倉院文書の大宝二（七〇二）年「筑前国嶋郡川辺里戸籍」に記載された筑前国嶋（志麻）郡の郡司であった肥君猪手である。肥君猪手は、嶋郡の大領であり、「戸主追正八位上勲十等肥君猪手」とみえ、戸口を一二四人（不課は一〇九人で、内訳には女四五人・奴婢三七人が含まれる）も抱える富裕な戸の戸主であった。肥君猪手は嶋郡の郡司の大領として大きな勢力を在地で振るっていたことが推定できる。筑前国嶋郡は、いうまでもなく北九州の海に面して大陸・半島に向かって開かれた玄関の位置にあたる地であり、ここにも肥後国の地方豪族が展開した様相が見られるのである。さらにすでに

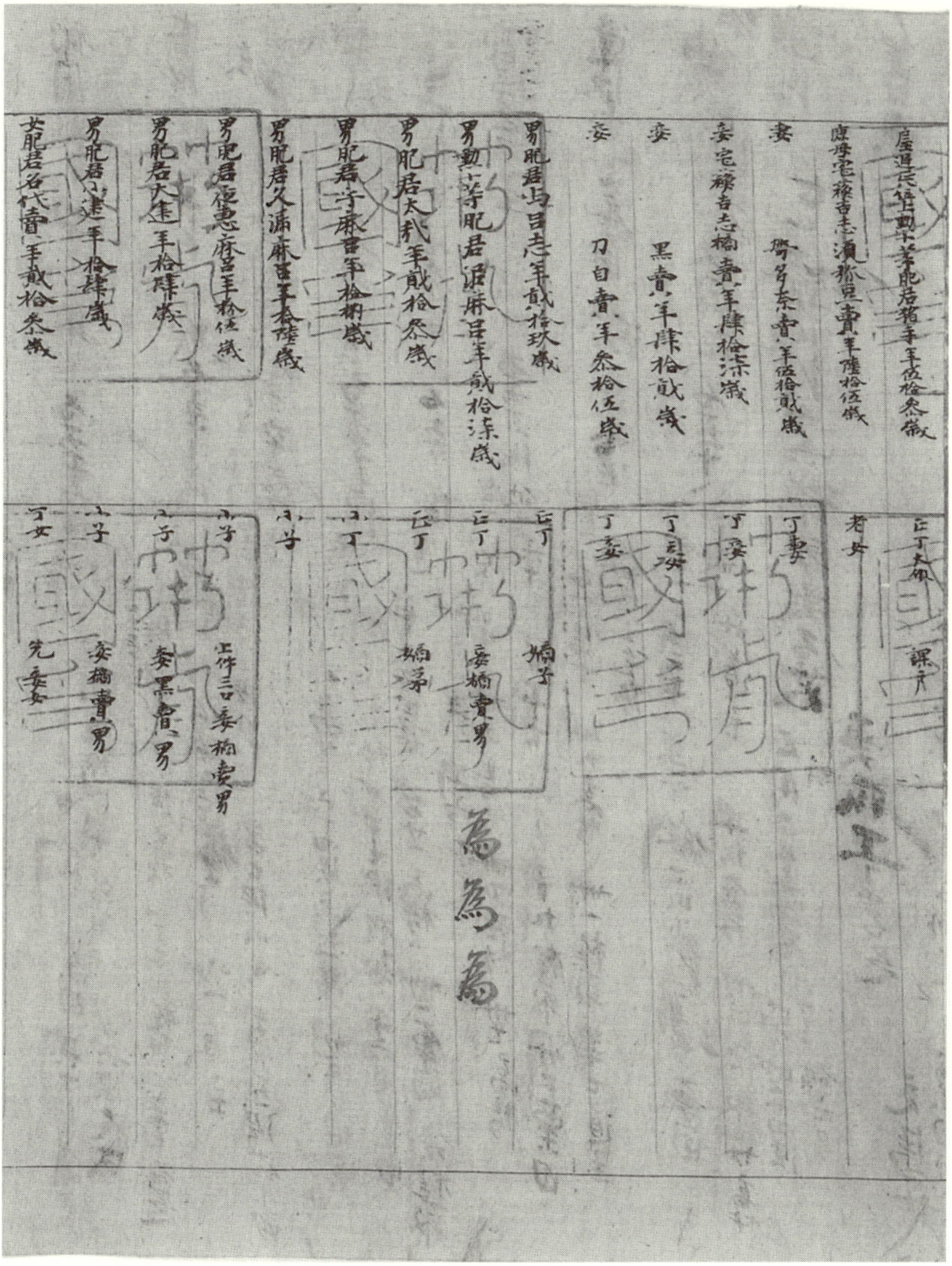

図8　「筑前国嶋郡川辺里戸籍」(正倉院文書)部分

述べたように、この肥君猪手が郡司であった筑前国志麻郡においても、志麻郷（糸島市志摩）に、『日本書紀』に「稲積城」（史料⑧）と記される、七世紀代の古代朝鮮式山城と推定される対外防備の城が営まれていたのである。

朝鮮半島に向けての対外関係だけでなく、南方の薩摩国の方面にも肥君の勢力が進出している様子は、正倉院文書の中の天平八（七三六）年度「薩摩国正税帳」の記載に見ることができる。すなわち、薩摩国の出《いず》水《み》郡の郡司の大領として外正六位下勲七等の肥君という人物（名前は未詳）の存在が知られ、また、薩摩郡にも郡司主帳として外少初位上勲十二等の肥君広龍《ひろたつ》という人物がいたことが知られる。律令国家勢力の南九州進出に際して、肥君氏族が積極的に協力して薩摩の現地にもその勢力を展開した経緯がうかがえるのである。

菊池川の流域には、江田船山古墳（熊本県和水町）だけでなく、装飾古墳でよく知られる有力な古墳群が形成されている。その背景には、菊池川流域の肥沃な生産地が開けていたことがあった。鞠智城の立地は、有明海に直接面するわけではなく、やや奥まっているともみられるが、菊池川流域の有力な生産地を背後から守るという面では、たとえば瀬戸内海からやや離れて吉備《きび》の有力生産地を背後から守る性格をもつ古代朝鮮式山城の鬼城山《きのじょうさん》（岡山県総社《そうじゃ》市）と似ているといえるのではないだろうか。この菊池川水系の水上交通との関係も、大規模な鞠智城築城への資財運搬や稲穀の倉庫群への運搬などにあたって、必ずや利用されたことであろう。また、西海道の陸上交通との関係では、筑前・筑後から肥後を通って薩摩へと向かう南北ルートと、有明海側から豊後へ向けて走る東西ルートとの交点となる要衝の地に鞠智城が位置しているといえるように思う。

白村江の敗戦後の国際的緊張のもとで対外的な防備の機能を鞠智城が果たしたことは当然であろうが、一方南方の対隼人政策との関係で鞠智城が機能を発揮することも、あり得ることと考える。大宝二（七〇二）年九月には薩摩の隼人を攻撃する軍士に勲位が与えられているように、八世紀初めに南九州においては対隼人の軍事行動が展開していたし、日本律令国家側でその戦いを主導したのは、鞠智城をも管下に置く大宰《だざいの》帥《そち》であったろう。薩摩における対隼人戦に兵士・軍糧を送り込む際に、上述した交通ルート上の鞠智城が大宰府の前進基地としての機能を果たすことも、十分推定される。

⑳『続日本紀』大宝二（七〇二）年九月戊寅条

薩摩の隼人を討つ軍士に勲を授くること各差あり。

八世紀初期に、筑後国と肥後国が西海道の中でも結びつきのある地域を構成したことは、国司としての治績が律令国家により賞賛されたことで知られる道君《みちのきみ》首《おびと》名《な》という貴族が、筑後国司として赴任しながら同時に肥後国司を兼任したことにもうかがえる。『続日本紀』によれば、道君首名は、遣新羅大使として新羅に派遣されて外交業務を果たして帰国したのち、すぐに筑後守に任じられ、さらに肥後守をも兼務している。新羅との外交を担当したばかりの貴族が筑後・肥後の国司となっていることは、両国の対外関係における位置づけと関連して興味深い。

㉑『続日本紀』和銅六（七一三）年八月辛丑・丁巳条

従五位下道公首名、新羅より至る。

従五位下道君首名を筑後守。

なお、道君首名は、筑後守兼肥後守として在任中に両国で「治績」を挙げ、肥後の味生池《あじふのいけ》を勧農のために築いたことでも知られる。

㉒道君首名卒伝（『続日本紀』養老二〈七一八〉年四月乙亥条）

筑後守正五位下道君首名卒しぬ。首名少《わか》くして律令を治め、吏職に暁《あき》らかに習へり。和銅の末に出でて筑後守となり、肥後国を兼ね治めき。人に生業を勧めて制条を為《つく》り、耕営を教ふ。頃畝に菓菜を樹《う》ゑ、下、鶏豚に及るまで、皆章程有りて曲《つぶ》さに事宜を尽せり。既にして時《ときどき》案行して、如《も》し教へに遵《したが》はぬ者有らば随《まにま》に勘当を加へり。始めは老少窃かに怨み罵れり。その実を収《とりい》るるに及びて悦び服《したが》はぬこと莫《な》し。一両年の間に、国中化《おもぶ》けり。また、陂《つつみ》・池を興し築きて、灌漑を広む。肥後の味生池と、筑後の往々の陂・池とは皆是なり。是に由りて、人その利を蒙りて、今に温給するは皆、首名が力なり。故、吏の事を言ふ者は、咸《ことごと》く称の首とす。卒するに及びて百姓これを祠る。

3　鞠智城の経営と機能

鞠智城は、白村江の敗戦直後の七世紀後期に、倭の大王権力によって営まれた古代朝鮮式山城の一つであるといえよう。築城を指導した百済の亡命貴族の名前が『日本書紀』に記される大野城・基肄城とは異なり、百済貴族との関係を直接物語る史料はないが、築城にあたって百済系技術が導入されたであろうことは、考古学的な発掘調査成果によって検証される必要があろう。

造営主体については、古代朝鮮式山城の規模・構造からみて、やはり大野城・基肄城と同じく倭の大王権力の命令下に同時期に築城されたと思われる。その後は、直接には大宰府の管理下に置かれ、大宰府の下に位置づけられる「鞠智城司」のような官司が置かれて経営されたのであろう。ただし、立地する肥後国司とも密接な関係をもったことも、疑いない。大宰府麾下ということでは、鞠智城の守備要員として防人の一部が派遣される可能性も考え得るが、肥後国司の管轄の下で、肥後の軍団兵士がその守りにつくことは十分に考えられる。鞠智城の維持・管理も、肥後国の協力がなくてはならないものといえる。三関《さんげん》（伊勢《いせ》国鈴鹿《すずかの》関《せき》・美濃《みの》国不破《ふわ》関・越前《えちぜん》国愛発《あらち》関）の関司のように、「鞠智城司」の任を所在地である肥後国司の一員が果たすことも考えられる。さらに、所在郡である菊池郡の協力・負担も、鞠智城の維持・管理のためには必須であったろう。鞠智城のように大規模で国家的な城の場合、大宰府・肥後国・菊池郡といった諸組織のいずれとも重層的な関係をもちつつ維持されねばならなかったといえよう。

鞠智城跡の出土木簡として文面が知られる木簡は、貯水池・貯木場から出土した次の米の貢進物荷札木簡である（図9）。

㉓鞠智城跡出土木簡

秦人忍□〔米カ〕五斗　　長一三四ミリメートル×幅二五ミリメートル

これは、秦人忍《はたひとのおし》という人物が負担した五斗一俵の米俵に付された荷札木簡であり、国名・郡名・郷名を省略した記載形式からは、鞠智城が存在する肥後国菊池郡に属する人物からの貢進とみられる。鞠智城の造営や軍事に携わる人々に支給される食料としての米が、最終的に消費される場において、米俵が解かれる際に荷札木簡がはずされ、廃棄されたものと考えられる。これにより、鞠智城に運び込まれ貯積されたこの米の場合、大宰府規模や肥後国規模ではなく、地元の菊池郡規模の範囲で徴収されたものであることが推測されるのである。秦人という渡来系の人物が菊池郡の在地社会にいたことも、興味深い。

結局、鞠智城の造営は中央の大王権力の命で行われたが、その後の経営の主体としては、大宰府が決定権をもちつつ、肥後国府や菊池郡家などの協力のもとに存在したものと思われる。

七世紀後期に九州から瀬戸内・近畿にかけて営まれた古代朝鮮式山城の機能としては、軍事・斥候《せっこう》の機能があることはもちろん、稲穀貯蔵の機能や、官司としての機能などが考えられる。これらの軍事的機能・財政的機能・行政的機能に対応する施設として、城郭防御施設・烽・物見台・兵員宿泊施設・武器庫など、稲穀貯蔵のための倉庫群、そして政庁・実務官衙《かんが》・厨《くりや》・井戸などの様々な施設が設けられる必要がある。鞠智城の果たすべき機能には、古代の地方官衙がそうであるように、こうした多様な機能が複合的に絡み合って存在していたとみてよいだろう。

七世紀後期の白村江の敗戦直後の緊張した国際関係のもとでは、当然軍事的機能が最大限重視されたであろう。ただし、百済滅亡（六六〇年）・高句麗滅亡（六六八年）の後は、唐の遠征軍と新羅とが半島の支配権をめぐって争う状況となり、結局六七六年に新羅が鴨緑江《おうりょっこう》以南の半島の支配権を確立して統一新羅を実現していった。この過程では、唐・新羅連合軍が日本列島に侵攻してくるような緊張した情勢は早くから後退し、新羅は唐との対抗上から親密な使節を倭に対して派遣してくるようになる。倭も、高句麗滅亡直後の遣使以降、遣唐使を三〇年ほど派遣しなくなる一方で、新羅との間にはしばしば使節の往来を行っている。こうして唐・新羅に対する直接の軍事的危機が去っていくと、八世紀の古代朝鮮式山城の機能としては、南九州の隼人勢力との軍事的衝突の方がクローズアップされたり、軍事的機能よりも倉庫群による稲穀貯積機能の方が目立つことになる。大野城や基肄城で確認されている大規模な礎石《そせき》倉庫群や焼米の存在が示すように、籠城するための大量の稲穀が貯積されている古代朝鮮式山城の場合、軍事的必要性が薄まったり稲穀の保存期限が迫ってくるなどの場合に、その貯穀を国家が如何に有効活用するのかが課題となってくる。

大宰府史跡の都府楼南の不庁《ふちょう》地区の官衙から出土した木簡の中には、基肄城に貯積された稲穀を筑前・筑後・肥国（肥前・肥後）などの諸国に班給するために、大宰府の官人が派遣されたことを記した文書木簡が見つかっている（図10）。

㉔大宰府史跡不庁地区出土木簡

為班給筑前筑後肥等国遣基肄城稲穀随　大監正六位上田中朝□

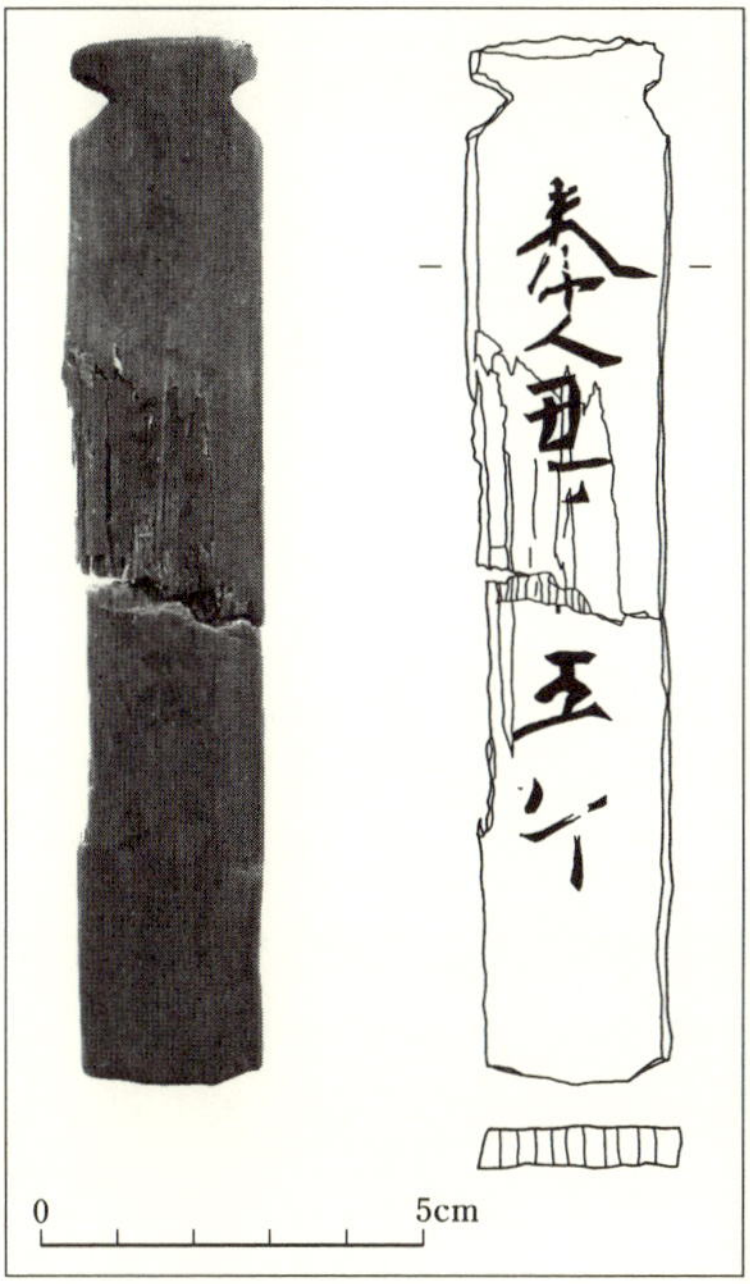

図9　鞠智城出土木簡

図10　大宰府史跡不庁地区出土木簡

この木簡により、基肄城の倉庫群に納められていた大量の稲穀は、肥前国・筑前国ではなく大宰府の直接管理下にあったこと、飢饉・不作の際や保存期限到来の際など何らかの必要に応じて、その稲穀が西海道諸国に班給されることがあったことがわかる。この時、基肄城の稲穀が筑前・筑後だけでなく肥国にも支給されていることは、やはり古代朝鮮式山城が大宰府の管理下で西海道全体のための機能を果たす施設であるということを示している。基肄城の稲穀のみが筑前・筑後・肥前・肥後等の諸国に支給された経緯は未詳だが、おそらく鞠智城にも存在した多くの倉庫群に貯積された稲穀も、同様に扱われることがあり得たはずである。

4　鞠智城跡発掘調査の成果と課題

これまで熊本県教育委員会によって進められてきた鞠智城跡の地道な発掘調査は、多くの成果を挙げてきている。まず、古代朝鮮式山城とされる鞠智城そのものの構造が明らかになってきた。その中では、所により二重になる石垣・土塁《どるい》の防衛線とその構築技法、軸受穴をもつ大きな門礎石（図11など）を特徴とした門、谷部に水門・石垣等をもち「折れ」をもつ門の構造といった外郭線、石垣・土塁の防衛線に囲まれた中の、八角形鼓楼《ころう》・倉庫群・兵舎推定建物・政庁推定地区などの建物群、日本の古代朝鮮式山城では他に例をみない谷部をせき止めた貯水池・貯木場など、多くの遺構が注目される。また、木簡、百済系の小金銅仏や百済系の瓦などの多様な遺物も、見逃すことはできない。とくに最近出土した百済系菩薩立像《ぼさつりゅうぞう》の存在は、百済と鞠智城の関係や、仏教受容のあり方を考える上で、重要な発見であった。

このうち、八角形鼓楼や貯水池・貯木場については、韓国河南市にある二聖山城《イソンサンソン》における八角形建物・多角形建物や石組み護岸をもつ方形の貯水池の存在との共通性が指摘される。

こうして発掘調査によって多くのことが明らかになってきた鞠智城ではあるが、まだ追究されるべき様々な検討課題が控えているといってよいであろう。それを整理すると、築城の開始年代・改修年代、石垣・土塁・建造物などの技術的特徴と性格、各時期別の建物配置の把握、他の古代朝鮮式山城との築城技術の比較――類似性・独自性の解明――、百済の築城技術との関係、そして周辺遺跡群などや烽・交通路の連絡網との繋がりの確認などが挙げられよう。造営関係では、築城年代は天智二（六六三）年の白村江の敗戦の頃でよいのか、はじめの改修年代は『続日本紀』に修築記事のみえる六九八年でよいのか、その後礎石の上にのる瓦葺きの建物となる契機は何か、九世紀にはどのような機能を果たしたのか、鞠智城の衰頽・廃絶の経緯・契機は何か、などの問題が検討対象となろう。

図11　堀切門礎石　二つの軸受穴をもつ大きな門礎石。

また、東アジアの中における鞠智城の位置づけも、大きな課題である。百済の技術との比較については、すでに水城や大野城その他の史跡でも敷粗朶《しきそだ》工法・版築工法・柱の埋め殺し工法などの技法・技術が朝鮮半島系の技術として検討されている。日本列島における他の古代朝鮮式山城との比較検討や、韓国における二聖山城など山城にみられる技術とのさらなる比較研究が望まれる。そのほか、立地の問題については、古代の西海道、肥後・豊後連絡路との関係や菊池川の水運との関係などが深く関係してこよう。海岸線を離れて菊池川をさかのぼった地に営まれたことをどう理解するのか、古墳時代の古墳群の分布や、古代における地方官衙である郡家（郡衙）や寺院の配置との関係などについても、追究が望まれる。さらに、造営技術と造営・経営主体の問題がある。技術的に百済の技術がどのようにどの程度導入されているのか、考古学的に解明され裏付けられることが望まれる。また律令政府・大宰府・肥後国・菊池郡の各レベルと鞠智城との関係も、遺構・遺物の諸面から探っていただきたい。

こうして、鞠智城の果たした機能や変遷などの歴史的性格を明らかにすることを通して、七世紀から九世紀にかけての東アジアの国際関係下における日本列島の古代史に有意義な提議が行われることになると思われる。

熊本県教育委員会が長年にわたって行ってきた鞠智城跡の発掘調査は、多くの成果をもたらしてくれているが、調査範囲は広大な史跡のまだ一部に止まっており、発掘調査は今後もまだ継続して続けられようとしている。ようやくこれまでの各年度の成果を取りまとめる性格の報告書が刊行されはじめたが、具体的な鞠智城の構造や変遷についての考古学的知見は、まだ鞠智城の歴史的意義の全貌を明らかにするところまでには至っていないように思われる。鞠智城自身の構造や遺構の時期的変遷についての検討はこれからの調査・研究に期待されるところが大きいし、朝鮮半島や日本各地の他の古代朝鮮式山城との構造・技術などの比較研究や、肥後や菊池川流域に展開する古代遺跡群の中における鞠智城の位置づけの解明など、今後さらに望まれる調査・研究の課題が指摘できるだろう。

もちろん、鞠智城がもつ歴史的意義の重要性については、すでに国指定史跡に指定されている上に、これまでに一定の史跡整備が進められており、温故創生館のような調査・研究・ガイダンス施設もすでに機能して、多くの人々が訪れる史跡公園となっていることからも、周知されつつあるといえよう。ただし、個々の遺構や遺物に止まらない鞠智城の多面的な歴史的意義が総合的に明らかにされ、その成果が学界や国民の前に広く提示されているという段階に達するまでには、さらに一段の努力が必要かと思われる。今後の課題として、鞠智城が列島そして東アジアの古代において果たした歴史的意義の解明に結びつく調査・研究の進展と、古代山城をめぐる学術的検討のさらなる深化とともに、その成果が多方面に発信されることが求められているのではないだろうか。

〔参考文献〕

石母田正『日本の古代国家』(岩波書店、一九七一年)
井上辰雄『火の国』(学生社、一九七〇年)
沖森卓也・佐藤信・矢嶋泉『肥前国風土記・豊後国風土記』(山川出版社、二〇〇八年)
小田富士雄編『石人石馬』(学生社、一九八五年)
小田富士雄編『古代を考える　磐井の乱』(吉川弘文館、一九九一年)
『鞠智城跡国史跡指定記念シンポジウム報告書　古代山城鞠智城を考える』(歴史公園鞠智城・温故創生館、二〇〇五年)
岸俊男『日本古代政治史研究』(塙書房、一九六六年)
熊本県教育委員会編『グラフよみがえる鞠智城』(熊本日日新聞社、一九九九年)
熊本県・熊本県教育委員会『鞠智城東京シンポジウム　古代山城鞠智城を考える―国指定史跡「鞠智城跡」の歴史的意義と課題―』(二〇〇九年)
佐藤信『古代の遺跡と文字資料』(名著刊行会、一九九九年)
佐藤信『出土史料の古代史』(東京大学出版会、二〇〇二年)

佐藤信編『日本の時代史4　律令国家と天平文化』（吉川弘文館、二〇〇二年）
佐藤信『日本の古代』（放送大学教育振興会、二〇〇五年）
篠川賢『日本史リブレット5　大王と地方豪族』（山川出版社、二〇〇一年）
白石太一郎監修・玉名歴史研究会編『東アジアと江田船山古墳』（雄山閣、二〇〇二年）

朝鮮古代史からみた鞠智城

——白村江の敗戦から隼人・南島と新羅海賊の対策へ

濱田 耕策

はじめに

六六三年の白村江《はくすきのえ》における古代日本の敗戦は、執権層に深刻な危機意識をもたらしたに違いない。王族や官人をはじめ百済《くだら》人が盛んに亡命してきたことと相俟って、唐《とう》・新羅《しらぎ》の連合軍が倭《わ》の派遣軍を追撃して列島に襲い来るやも知れない危機感から、倭国は大宰府《だざいふ》の守備を中心とした防衛施設網を西日本に構築することになる。

鞠智城《きくちじょう》は七世紀後半に朝鮮半島の戦争動向に備えて築城されて以来、九世紀半ばにも半島情勢に対する危機感の高まりから、大宰府との連絡を密にするに至る。ここではこの三世紀にわたる鞠智城の歴史を、朝鮮半島の政治と社会の動向から考察する。

図1　発表中の濱田耕策氏

1　鞠智城の造営

白村江敗戦の翌六六四年五月には、百済の故地を占領統治する唐の鎮将の劉仁願《りゅうじんがん》が郭務悰《かくむそう》を倭国に送ってきた。郭務悰は十二月まで倭国に滞在した。郭はこの間に倭国の軍事を探ったに違いない。郭は唐から半島へ、半島から北部九州、そして瀬戸内の長い航海をどのように記憶し、またこれを劉仁願に復命したであろうか。郭は、唐が倭国に派兵することは、倭国軍が白村江の海戦で敗北した轍を踏むという危惧を抱いたのかも知れない。その実は、北の高句麗《こうくり》戦に進むべく、派兵を匂わせて倭国を威圧する外交を行ったに違いない。

大和《やまと》王権では半島情勢に向けた危機感が極まる。その対策が大宰府と大和の防衛網の構築である。『日本書紀』巻二十七、天智三（六六四）年是歳《このとし》条には、「対馬《つしま》島・壱岐《いき》島・筑紫《つくし》国等に、防《さきもり》と烽《すすみ》《とぶひ》（のろし）とを置く。また筑紫に大堤を築きて水を貯ふ。名づけて水城《みずき》といふ」とある。大宰府の西北には博多湾が控えており、府の近くにも水の防御を配置した。郭務悰が伝えた百済故地に駐留する劉仁願の外交と半島情勢についての情報に、倭国は反応したのである。

また、翌年の天智四（六六五）年秋八月条には「達率答㶱春初《たっそつとうほんしゅんそ》を遣して城を長門《ながと》国に築かしむ。達率憶礼《おくらい》福留《ふくる》と達率四比福夫《しひふくぶ》とを筑紫国に遣して、大野《おおの》及び椽《き》二城を築かしむ。」とある。水城とこれに東西で連なる山城とによる大宰府防衛の第一歩が築かれた。

この憶礼福留は六六三年九月に百済から倭国に逃げ来たっていたから、大野城と椽城の築城には白村江の

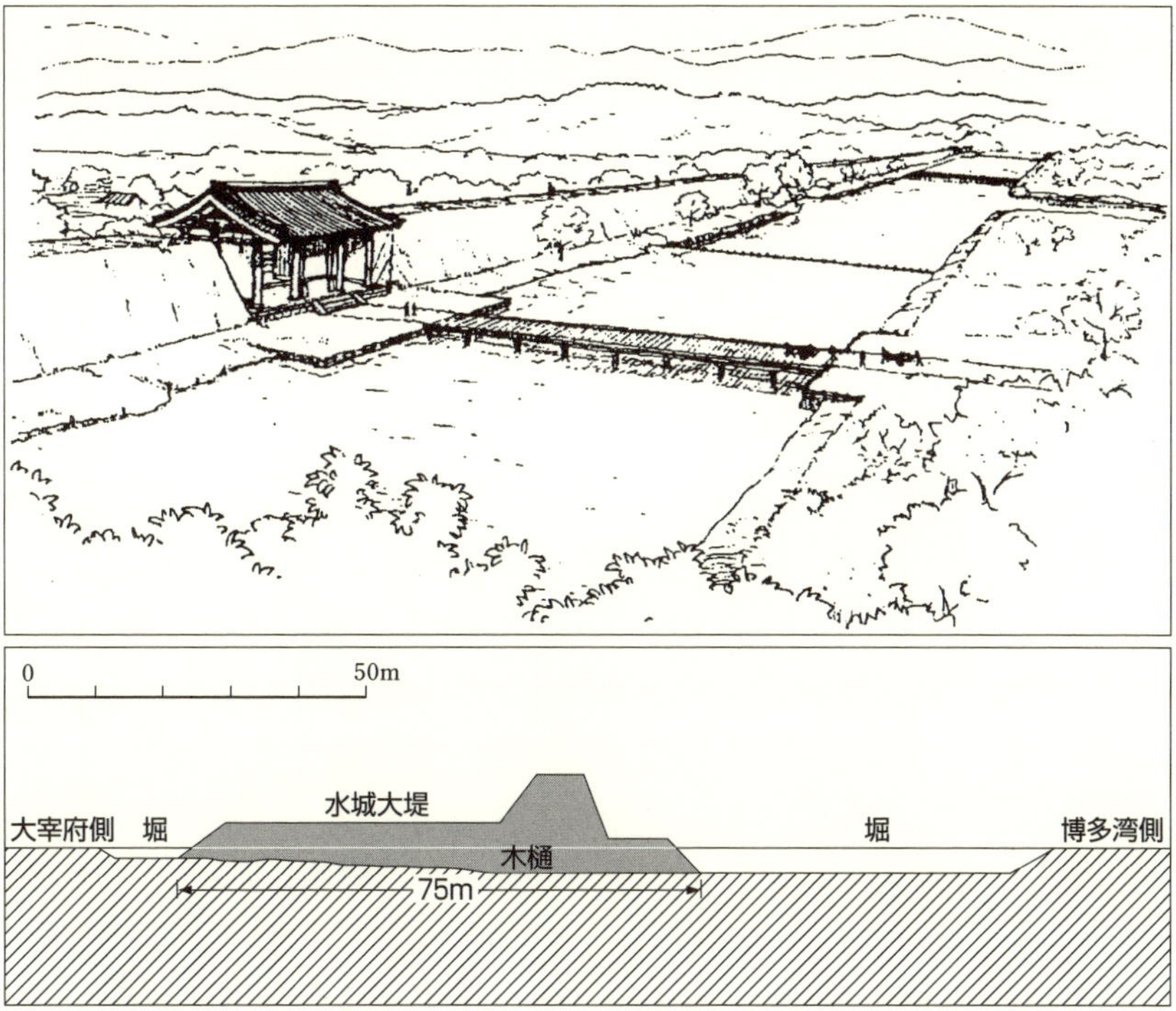

図２　水城の復元図（上）と断面図（下）（復元図：『発掘が語る遠の朝廷　大宰府』九州歴史資料館，1988年，断面図：岡田茂弘監修『復元するシリーズ②　古代の都を復元する』学習研究社，2002年より）

敗戦を前後する頃に亡命してきた百済人の知識と技術が働いている。この大宰府防御のプランニングには、森公章氏や亀田修一氏らが示唆するように[1]、百済の都城防衛網が参考にされていよう。百済初期の都の漢城《ハンソン》（ソウル特別市松坡《ソンパ》区の風納洞《プンナブドン》土城と夢《モン》村《チョン》土城）は、その西北を流れる漢《ハン》江《ガン》の流れと、東北から東南部にかけて構えた山城とで守りを固めている。また、四七五年に百済は高句麗に逐われて南の忠清南道の熊津《ウンジン》城（公州市）に遷都し、さらに六三年後の五三八年には熊津城から錦江《クムガン》を下った泗沘《サビ》（扶余《プヨ》邑）に遷都したが、この二都も錦江の流れを西北の護りとして、都の四方には山城を配置していた。百済の三都を守備する水流と山

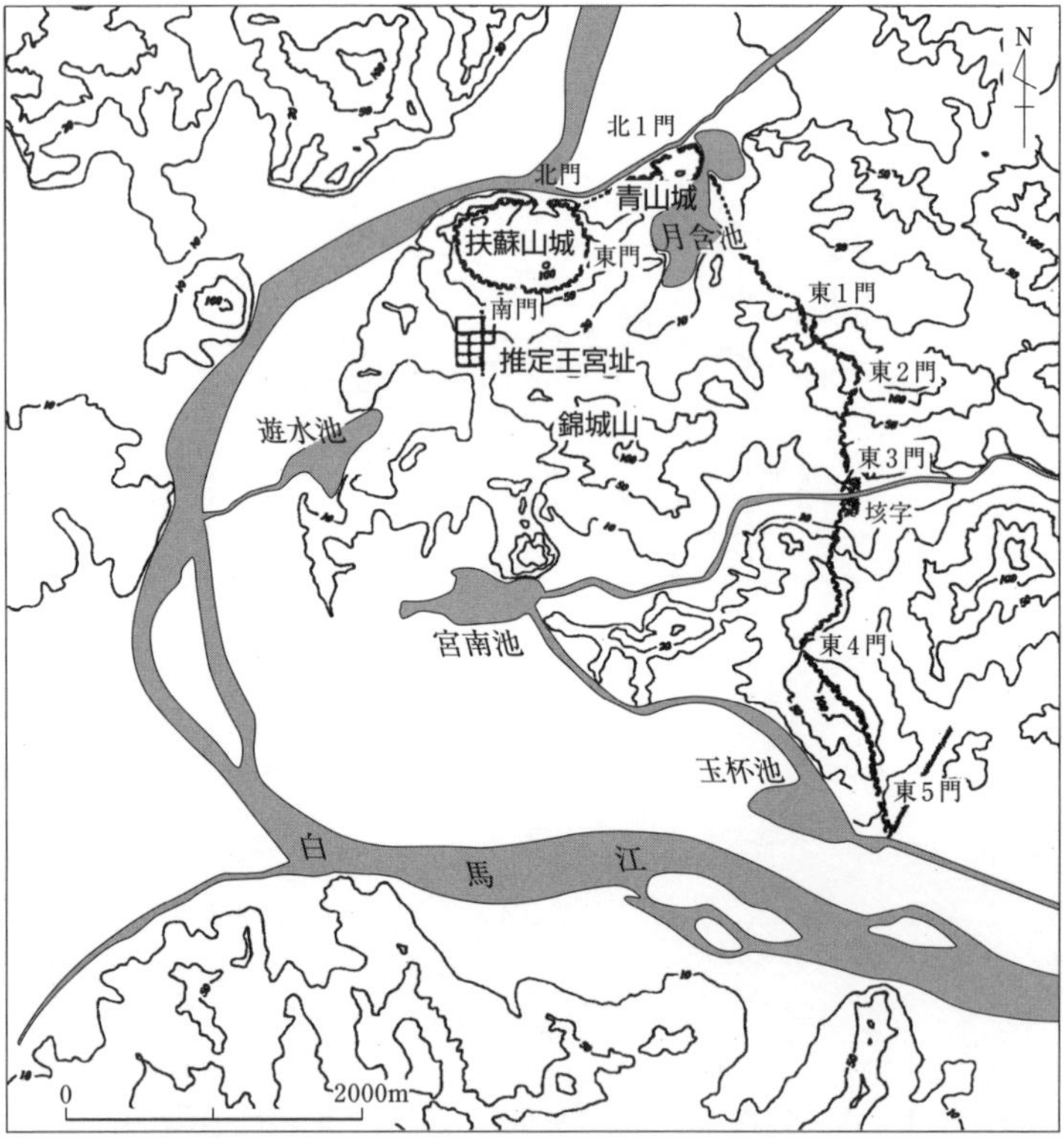

図3　百済の都城（泗沘）（朴淳発「泗沘都城」『東アジアの都市形態と文明史』国際日本文化研究センター，2004年より）

城の防御網の知識は、兵法に熟達していたと伝わる達率の答炑春初や憶礼福留らの亡命百済官人によって倭国に導入され活かされたと考えられる。

さて、鞠智城が大宰府防衛網に組み込まれるのは次の段階である。憶礼福留らが大野城と椽城を築いたのは天智四（六六五）年八月であったが、翌九月に、唐の劉徳高《りゅうとくこう》ら二五四人が対馬を経てやってきた。このなかにはかの郭務悰もいた。劉らは十二月に引き上げたが、今回の郭の来日は前回とは使命が違っていよう。劉徳高は先の白雉五（六五三）年に遣唐使に随行して入唐していた学問僧の定恵《じょうえ》を伴っていた。定恵は内大臣の中臣《なかとみの》

図4　泗沘城(扶余邑)の羅城

図5　泗沘城(扶余邑)の羅城

鎌足《かまたり》の子であるが、劉徳高ら唐本国の使者と百済故地の動向に詳しい郭務悰等の一行の盛大さは、それが倭国を圧しつつ安定した関係を進める使命をもつ使であることを考えさせる。同年八月には熊津の就利山《すりさん》で鎮将の劉仁願の下で新羅の文武王と百済王族の扶余隆とが会盟して、百済の遺衆の抵抗はひとまず終結したから、百済故地を統治する劉仁願ら占領軍にとっては、倭国との関係を安定させることで半島南部を固め、その上で対高句麗戦に向かおうというのが唐本国の戦略であると思われる。

この間、半島と列島に挟まれる耽羅《たんら》（済州島《チェジュド》）は、憶礼福留らが築城した六六五年八月と、郭や劉が十二月に倭国を離れたその翌年の六六六年正月、さらに六六七年七月にも倭国に使節を送ってきた。六六六年正月と十月には、高句麗の使節も倭国にやって来た。倭国には、白村江の敗北感のうえに新たな半島情勢の緊張感が加わった。六六七年十一月には、百済鎮将の劉仁願は、司馬法聡《しばほうそう》に命じ、六六五年十二月に唐の使者の劉徳高らの帰国を送って唐に赴いた遣唐使の境部連石積《さかいべのむらじいわつみ》らを大宰府に送ってきた。唐は倭国との間の安定的な関係を推進し、そのうえで高句麗との戦いに臨もうとしたのである。

倭国は、境部連石積や法聡から、唐や半島で進行する高句麗戦等の半島情勢についての情報を得たのであろう。同月には高安城《たかやす》（奈良県生駒《いこま》郡と大阪府八尾《やお》市の境）、讃吉《さぬき》（讃岐）国の山田郡の屋島《やしま》城（香川県高松市）、対馬国の金田《かなた》城（対馬市美津島《みつしま》）を築かせている（『日本書紀』巻二十七）。唐の本国軍と百済占領軍、それに新羅軍による高句麗戦という半島戦争の混乱に備えた対策である。

ところで鞠智城の築城がいつなのか、確かな記録がない。古代の山城では築城記録があるほうが希である。『続日本紀』巻一、文武二（六九八）年五月甲申（二十五日）条に「大宰府に大野・基肄《きい》・鞠智《くくち》の三城を繕治せしむ」とあることから、鞠智城は大野・基肄城と連携し、かつ大宰府に統轄される軍事の施設と見られ、

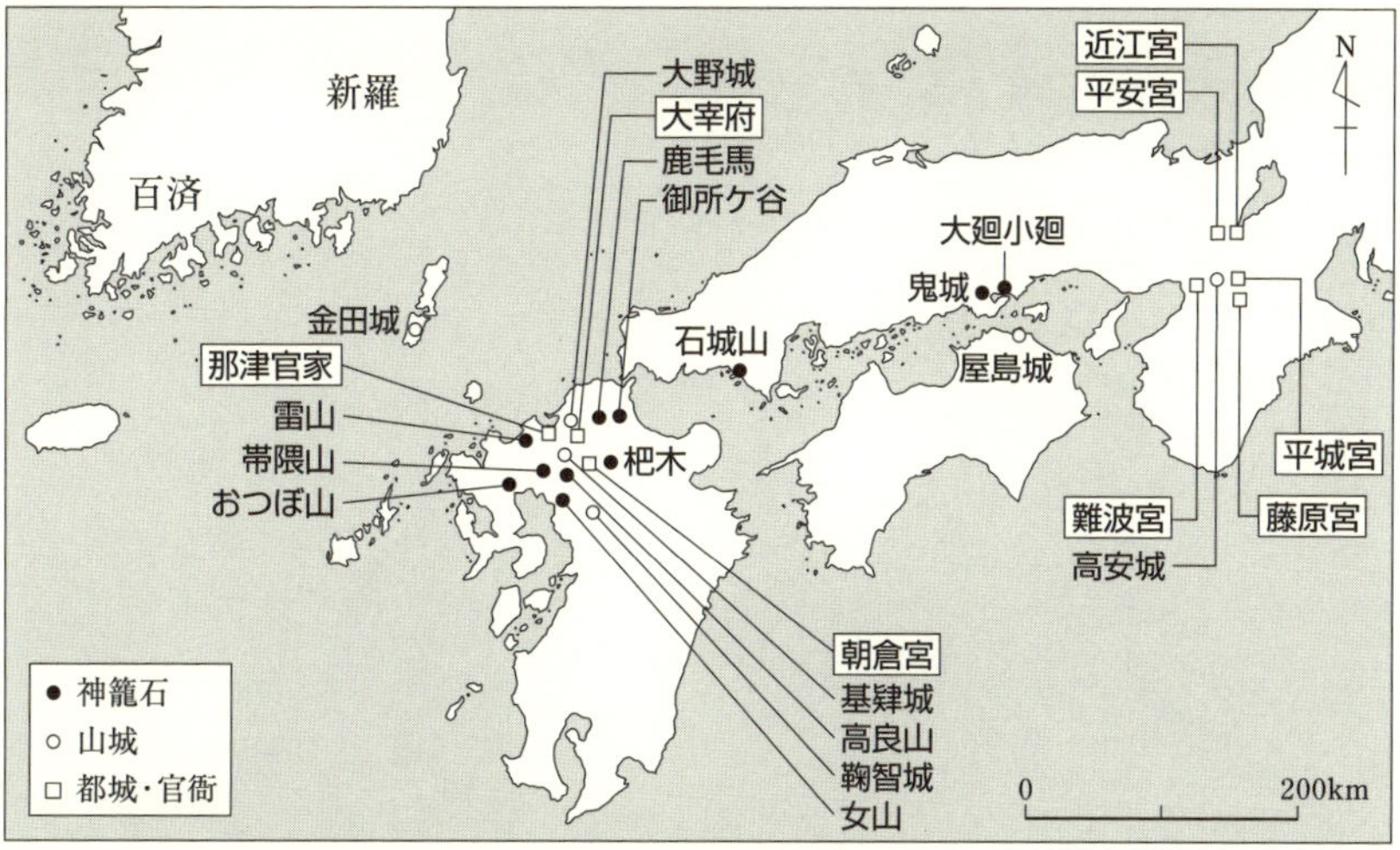

図６　古代山城(神籠石系山城・朝鮮式山城)の分布

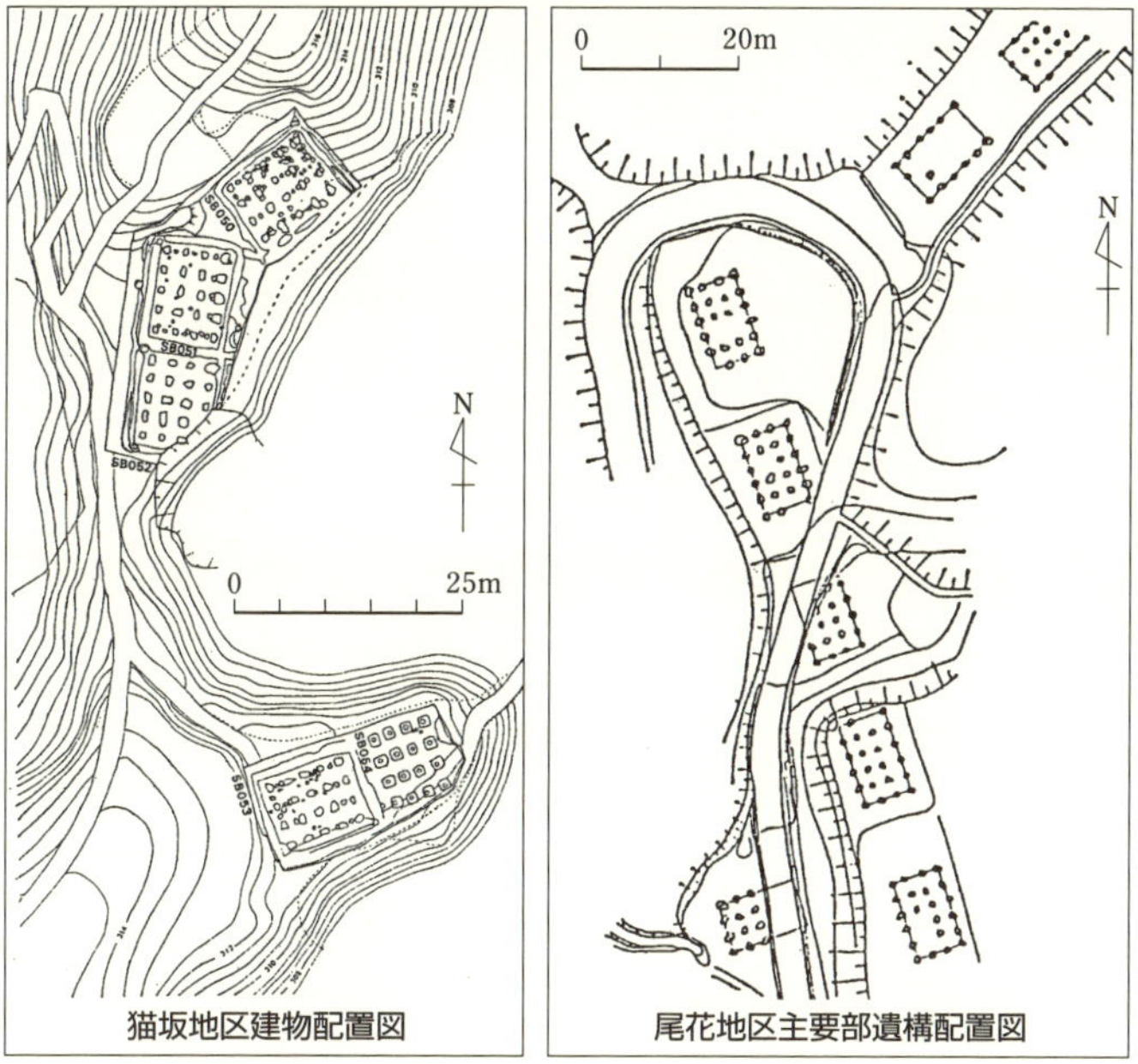

図７　大野城の礎石建物群(横田義章「大野城の建物」『九州歴史資料館開館十周年記念　大宰府古文化論叢』上巻，吉川弘文館，1983年より)

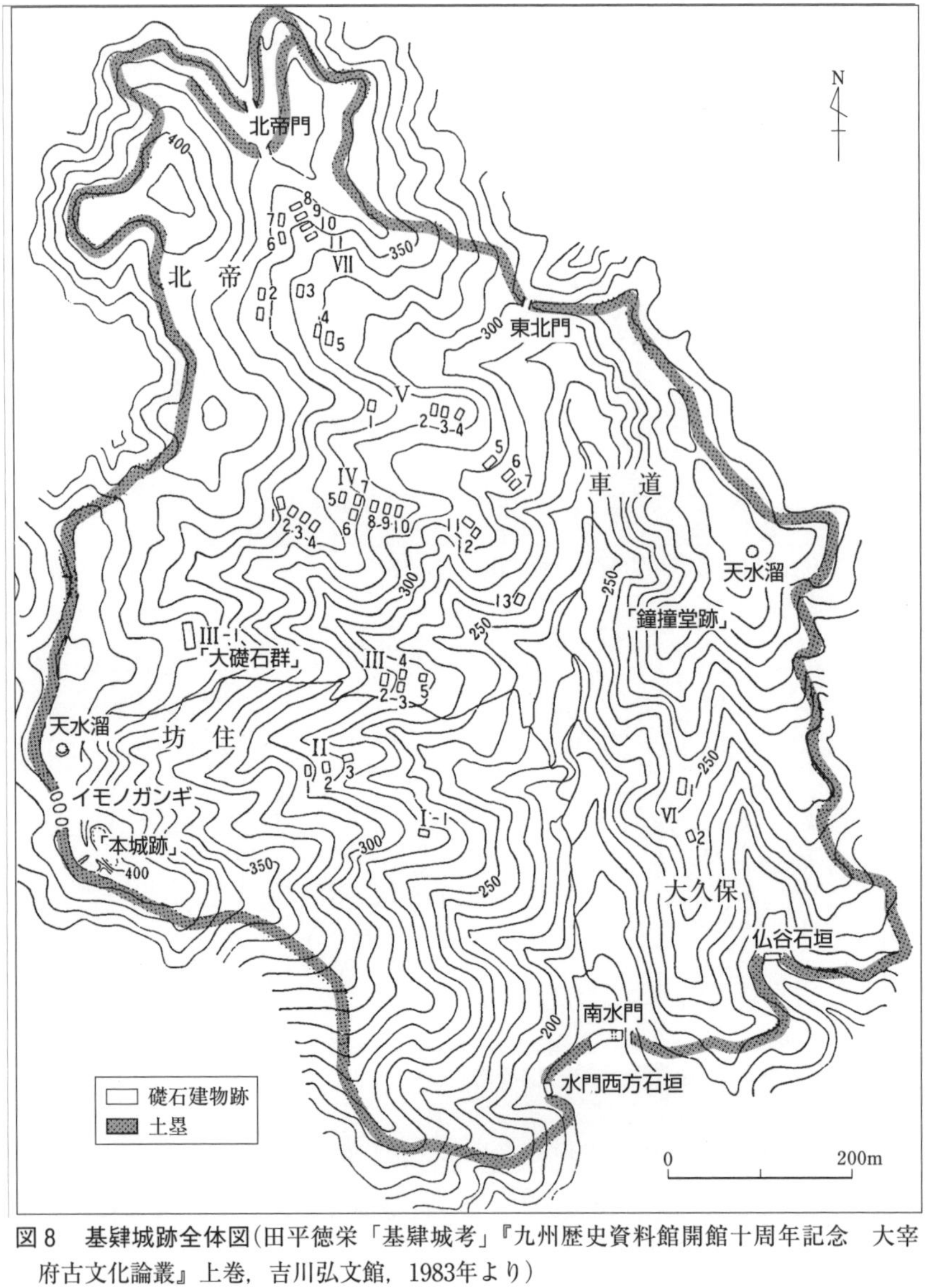

図8　基肄城跡全体図(田平徳栄「基肄城考」『九州歴史資料館開館十周年記念　大宰府古文化論叢』上巻，吉川弘文館，1983年より)

その築城は大野・基肄の二城が築かれた天智四（六六五）年秋八月かと理解されるが、また大宰府と大和を護る金田城や高安城が築かれた第二期の山城築城時である天智六（六六七）年十一月かとも見られる。

白村江敗戦直後には、倭国は唐の百済占領軍と新羅の動向に警戒して対馬から大宰府に至る各地に防人を配し、山城や烽火台《のろし》、水城を築いていた。また、敗戦後に倭国が唐軍からの使節を三度迎えたことにより、唐軍などの対高句麗戦の戦況の変転に備え、大宰府と大和を防衛する山城網の強化を図ったものと考えられる。

六六八年には高句麗王権が唐と新羅の連合軍の前に滅亡し、唐は高句麗の故地に安東都護府《あんとうとごふ》を置いてここでも間接統治を始めた。新羅は、唐の政治的・軍事的圧力がさらに半島に浸透することを防ぐべく、唐軍の撤退を求める抵抗戦を進めた。やがて、唐は西の吐蕃《とばん》などに備えて東の新羅と妥協したから、六七五年には新羅と唐の和平が成立した。

唐と新羅との和平は、盛んに来日した新羅使によって倭国に知らされたに違いない。それでは、その後に行われた文武二（六九八）年五月二十五日の「大宰府に大野・基肄・鞠智の三城を繕治せしむ」については、その事情をどう理解すればいいのであろうか。半島情勢は安定に向かうから、この三城の「繕治」にはほかの要因があろう。そのことについては「3　八世紀の鞠智城」で述べることにする。

鞠智城の地が大宰府防衛網の拠点の一つに選定されたのは、朝鮮半島西部から有明海《ありあけかい》に至る文物渡来の歴史が、この地域にも前史として確かにあったからであろう。弥生時代には朝鮮半島の無文土器や中国系の銅銭が渡来しており、古墳時代には著名な江田船山古墳《えたふなやま》に副葬された朝鮮系の文物が存在する。また敏達十二（五八三）年には百済の官僚として倭国との政治交流の任務を務め、百済第二位の官位である達率を帯びた日羅《にちら》を招聘したが、この日羅は火葦北国造《ひのあしきたのくにのみやつこ》の阿利斯登《ありしと》の子であった事例（『日本書紀』巻二十、敏達十二年条）も想起される。有明海と朝鮮半島西南部を往来する海上ルートの交流史は、今日からの想像以上のものがあったのであろう。

2　鞠智城の築城者

鞠智城は前記したように、『続日本紀』文武二（六九八）年五月二十五日条に、「大宰府に大野・基肄・鞠智の三城を繕治せしむ」とあるのが記録の最初である。この記録からは鞠智城が三三年前に築かれた大野・椽（基肄）城と連携する山城であること、またこの三城を「繕治」したことは大宰府を中心とする各城の連携を強化する施策であったことが知らされる。その「繕治」とは城壁の補修と強化のほか、城内の施設を充実することでもあったに違いない。その連携の強化について内外の諸事情から考察する前に、鞠智城を築城した人々についてまず考察しよう。

鞠智城の築城時期については、白村江敗戦後間もない天智三（六六四）年に対馬島・壱岐島等に防と烽を置き、筑紫には水城の大堤を築き、また翌天智四（六六五）年秋八月には達率の答㶱春初に長門国の城を、達率の憶礼福留と達率の四比福夫には筑紫国の大野と椽の二城を築かせて、水と山城とによる大宰府防衛の第一歩が構築された頃かとも考えられる。しかしまた、倭国では白村江の敗北感に加え、唐が百済占領軍を中心として高句麗を攻撃しようとしているという新たな半島情勢の展開からする緊張感が漂い、天智六（六六七）年十一月には大和に入る高安城や讃吉国山田郡の屋島城、また対馬に金田城を築いて半島情勢に備えたこの頃に、鞠智城は築かれたかとも考えられてよい。

そこで、鞠智城を「きく」「ち」ではなく「くく」「ち」と訓《よ》む古訓を糸口に、この山城の築城者層について考察してみたい。「鞠」「智」は今日の韓国語音では「국」（Kuk）「치」（Chi）である。一五二七年に崔世珍が編纂した漢字の字訓辞典である『訓蒙字会』でも「鞠」「智」はやはり「국」（Kuk）「치」（Chi）である。この音を今日流に仮名表記すれば「くくち」となる。鞠智城の「鞠智」が「くくち」と訓《よ》まれたのは、百済の語音に由来するのではなかろうかと思われる。

また、「智」或いは「知」は新羅の貴人の人名末尾によく使われる漢字表記である。百済人の例では六六〇年十月に佐平の鬼室福信《きしつふくしん》が百済の一六等の官位のなかでは第一位である「佐平」を帯びた「貴智」を倭国に派遣して、唐人の捕虜一〇〇余人を献じたことがある（『日本書紀』巻二十六、斉明六〈六六〇〉年十月条）。また、天智元（六六二）年六月には百済の「達率の万智」が来日している（同巻二十七、天智元年六月条）。

そこで、天智四（六六五）年に長門国に城を築いた百済官人の「達率答㶱春初」や筑紫国に大野城と椽城を築いた「達率憶礼福留」と「達率四比福夫」の例を見れば、筑紫の二つの山城と連携するこの鞠智城の「鞠智」とは、百済で上位の官位である佐平や達率を帯びた百済からの亡命官人の名前ではなかったかと思われる。この「鞠智」が築城に際して土地の選定に始まる築城のプランナーとして城名に名を残す程の貢献をなしたものかと考えられるのである。

この「鞠智が築いた城」という「鞠智城」は、後述のように九世紀には「菊池城院」として現れる。一二世紀にも近いその間に、築城プランナーの百済人に由来するかと考えられる「鞠智」（KukChi・くくち）は「鞠」（Kiku・きく）あるいはその旁の「匊」（Kiku・きく）の漢字音に従って、「菊」（Kiku）へと変わり、

「智」も同音の「池」へ交替して、「菊池」(KikuChi) という美字をもって和語化したのであろう。
『三国志』魏書・烏丸鮮卑《うがんせんぴ》東夷伝の倭人条(『魏志倭人伝』)には「狗奴国《くな》」があり、「其の官には狗古智卑《くこちひ》狗《こ》あり」とある。この「狗奴国」を熊本県北部に比定して、「狗古智」を「くこち」と読んで、これを「菊池」の語源と見る理解もあるが、この理解は邪馬台国の所在論とも関係して、「狗奴国」の所在を東日本に比定する説も盛んである。(2) 三世紀半ばの「狗古智」を七世紀末の「鞠智」や九世紀末の「菊池」にまで下ってその淵由とすることには躊躇を覚える。

3 八世紀の鞠智城

上に述べたように、鞠智城をはじめとする西日本の朝鮮式山城は、白村江敗戦直後の危機感と、唐の百済占領軍と新羅軍による高句麗戦という朝鮮半島の動向に備えて築かれたものと考えられるが、高句麗が滅び、唐と新羅の和平が生まれて半島情勢が安定に向かった七世紀末からは、その存在意義は変化したものと考えられる。(3)

その変化は半島情勢の安定とともに、倭国の体制の整備にも由来する。まず、朝鮮半島では、六六八年に北の高句麗が滅亡した後、唐は平壌《ピョンヤン》に安東都護府を置き、扶余に置いた熊津都督府とともに、将軍の薛仁貴《せつじんき》や劉仁願等を頂点として半島支配を始めた。天智十(六七一)年十一月には対馬から大宰府に、郭務悰が二〇〇〇人の百済人を四七隻の船に乗せて倭国に向かっていることを知らせてきた。亡命百済人は近江《おうみ》の蒲生《がもう》等の地に安置されたが、ほかの安置先にはほかの百済官人が築いた山城の付近の地もあったのではないか。山城と渡来人系の遺跡・遺物との関係に関心が及んでくる。

さて、新羅は六七二年から、高句麗の故地で唐軍に抵抗する勢力に加勢し、唐軍の撤退を迫る運動を始めた。そこで六七四年、唐は新羅に進軍し、新羅の文武王を唐に宿衛していた文武王の弟の金仁問《キムインムン》に替えようとさえした。両軍の戦いは六七五年二月まで続いたが、新羅がこれまでの反唐行動を唐に「謝罪」したから、朝鮮半島の情勢は安定に向かうことになった。この唐と新羅両国の和平の背景には、唐が西の吐蕃との対立に重点を移すという広い範囲の国際関係があった。

新羅は高句麗が滅んだ六六八年九月以降にも、また唐軍と対立していた時期にもそうであったが、半島に安定が到来した以後も盛んに倭国に使節を派遣してきた。また、遣新羅使もこの間の大宝元（七〇〇）年まで一〇度送られている。新羅との外交が盛んに進められた時代である。

倭国が律令を体制の中核に置いた日本国を形成する過程の外交は、新羅ばかりでなく、九州南部と南島勢力に対しては慰撫策としても進行することになる。

文武二（六九八）年の四月十三日には、「文忌寸《ふみのいみき》博士《はかせ》ら八人を南島に遣《つかわ》し、国を覓《もとめ》しむ。因りて戎器《じゅうき》を給ふ」（『続日本紀』巻一、文武二年四月条）ことがあった。大宰府が大野・基肄・鞠智の三城を繕治したのは、この翌月の五月二十五日のことであった。

この大宰府に連なる三城のなかで、鞠智城はその南方に位置している。その立地から判断すれば、この城が「繕治」されたことは、奄美《あまみ》等の南島勢力に向けられた倭国政権の慰撫策に対応する政策であることが読み取れる。半島情勢が安定に向かうこの時期に大宰府に連なる三城を繕治したことは、大宰府に至る交通路の要所に立地する山城とその城内の施設を整備し、新羅使のみならず隼人《はやと》や南島の使節に迎接の初期の儀礼

図9　古代の薩南諸島

を行うばかりでなく、山城の防衛施設を通じて倭国の武と文の威を各使節に感得させることを意図していたのではなかろうか。新羅の王京の金《キム》城《ソン》（慶州）には南に南山《ナムサン》新城、東に明活《ミョンファル》山城、西に西兄《ソヒョン》山城と富山《プサン》城、北に北兄《プッキョン》山城を配置していた。新羅は日本との外交摩擦が頻発した八世紀の二十年代では、七二二年に日本からの侵攻を恐れて、金城に南から入る経路に関門の長城とその東に万里《マルリ》城を築くに至っている。

「覓国使《くにまぎのつかい》」を南島に派遣し、三城を繕治した翌年の文武三（六九九）年秋七月辛未（十九日）には、「多褹《たね》・夜久《やく》・奄美・度感《とく》（徳之島）等の人、朝宰に従ひて来り、方物を貢ぐ。位を授け、物を賜ふこと」があり、「度感島の中国（ここでは倭国のこと）に通ふこと、是より始る」こととなった（『続日本紀』巻一）。大宰府では西からは新羅使を盛んに迎え、遣新羅使を盛んに派遣するばかりでなく、ここに至って南からは度感島等の使者を迎えることになったのである。

律令制を布いた倭国は、新羅使とともに度感島をはじめとした南島勢力の使者を迎えて、「中国」たる威容をまず九州の地で外来の使節に感得させる装置が求められるが、その一つとして大宰府に連なる築城後三〇余年ほどを経る大野・椽城、そして南の鞠智の三城を強化する「繕治」という整備がなされたものと思われる。その背景の一つには、遣新羅使が新羅の金城に至る路程や金城に滞在した間に眺望した山城とその威にあったのではなかろうか。文武二（六九八）年の八月と翌年九月に、かの天智六（六六七）年に築城していた「高安城を修理」したのも、その一環であろう（同巻一）。

ただ、文武三（六九九）年十二月甲申（四日）に、「大宰府をして三野《みの》（日向国児湯《こゆ》郡三納《みの》郷）・稲積《いなつみ》（大隅国桑原《くわはら》郡稲積郷）の二城を修《つく》らしむ」（『続日本紀』文武三年条）とある新たな築城は、隼人勢力への対策であろう。(4)

隼人や南島の勢力を慰撫・懐柔する策は、まず隼人の勢力から抵抗を受ける。隼人と南島との間の利害関係に変動が起きたり、隼人が日本の遠交近攻策の対象となるやも知れないという危機感を覚えるからである。文武四（七〇〇）年の六月庚辰（三日）には、薩末比売《さつまのひめ》・久売《くめ》・波豆《はつ》、衣評督衣君県《えのこおりのかみえのきみあがた》、助督衣君弖自美《すけえのきみてじみ》と肝衡難波《きもつきのなにわ》が肥人《くまびと》等を従え、兵を持って覓国使の刑部真木《おさかべのまき》等を脅かすという抵抗を起こしている（『続日本紀』巻一、文武四年条）。

隼人の反乱は大宝二（七〇二）年、和銅六（七一三）年、養老四（七二〇）年と続いている。大宝二（七〇二）年の反乱は薩摩と多褹が律令国家による民を戸籍に編成すること、即ち国家から見れば「天皇の徳治に化する」ことに対する反抗であったから、大宰府はこれに「征討」を加え、ついには薩摩と種子島の民を戸籍に付けて支配を強化した。(5)

この隼人の抵抗には大宰府を拠点として鎮圧軍が組織されるが、記録がないからといって鞠智城の組織が隼人の鎮圧に無関係であったのではなかろう。大宰府から南に向かう最大の山城として、鞠智城は隼人の反乱に向かう基地としても機能したであろう。

薩摩・大隅・日向の三国に隼人を徙民《しみん》してその弱体化を図ったが、大隅の国守の陽侯麻呂《やこのまろ》は養老四（七二〇）年の隼人の反乱のなかで殺害されている。これには大伴旅人《おおとものたびと》が征隼人持節大将軍となって一万余の兵を率いて鎮圧にあたったが、これに一年半近くを費やしている。その間に、隼人一四〇〇余人が斬首され、養老七（七二三）年になると大隅・薩摩の隼人六二四人が朝貢してその服属が進んでいる。

こうした八世紀初期の九州南部地域において、対外的には「日本」として現れた倭国が律令制を進行させる過程で起こった隼人の反乱に、鞠智城は無縁ではなく、むしろ機能したであろう。七世紀後半の朝鮮半島情勢に対応して築城された鞠智城は、八世紀では武と文の威を備えた新たな構造が備わってはいないだろうか。

4　九世紀の菊池城院

九世紀の後半には、西海上に新羅海賊が出没するという新たな対外的危機が発生し、大宰府を中心にこの危機に対応する政策が採られた。鞠智城が菊池城院と改まった時期は不明ではあるが、菊池城院もこの危機への対応策と無関係ではない。

対外危機の兆しは、新羅からの流民の渡来に始まった。承和元（八三四）年には、それまで新羅からの流民を遠江《とおとうみ》・駿河《するが》・陸奥《むつ》などの東国に徙民させていた政策を改め、流民を放還したり追却する政策に転じている。日本国内では律令制の体制が弛緩していたから、政府は新羅流民の強制的配置が社会不安を加速させる

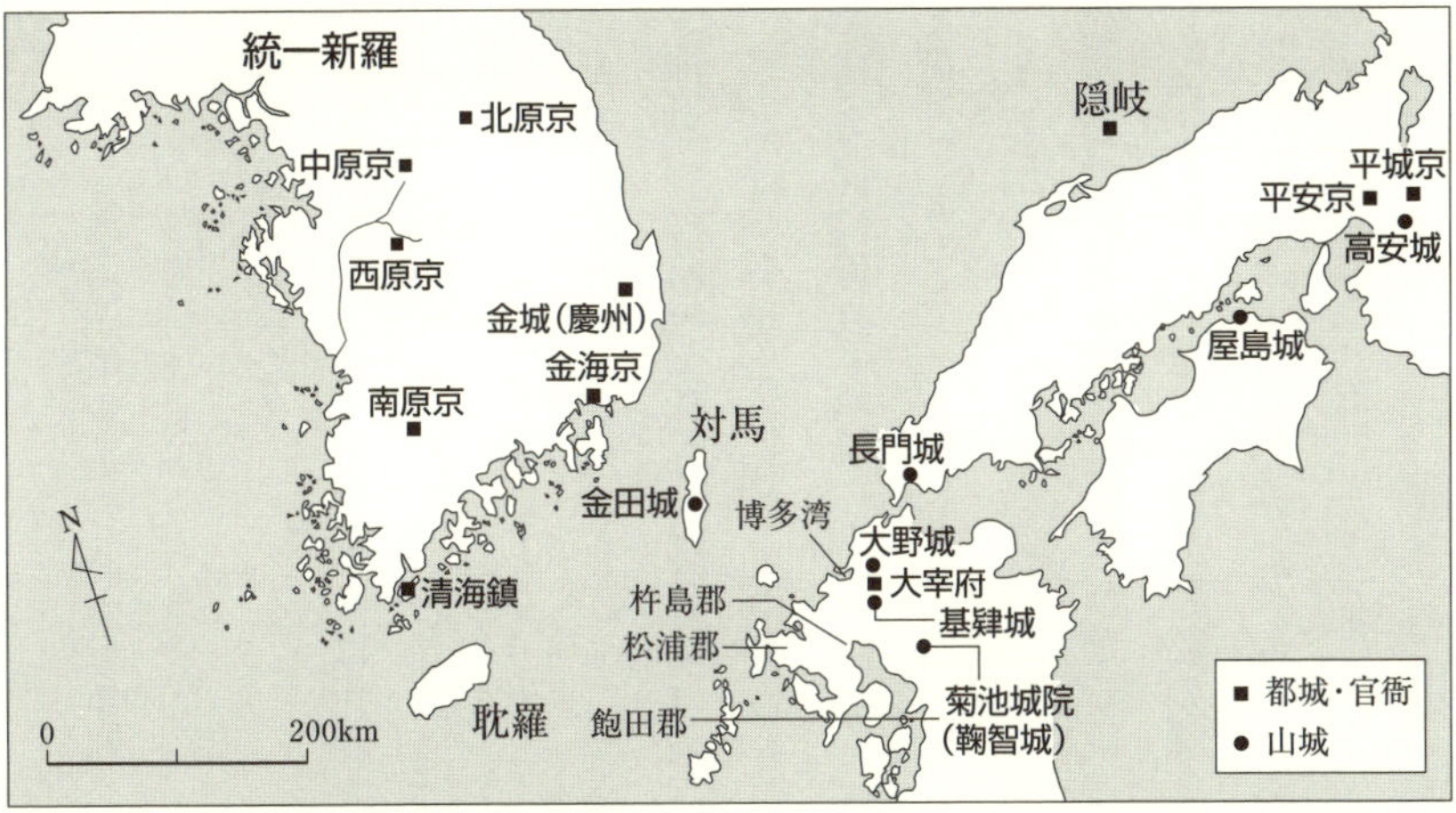

図10　8・9世紀の鞠智城とその周辺

ことを恐れたのである[6]。

　新羅では、内陸部では草賊と呼ばれる反乱が続き、海上では流民を唐に売る海賊が跳梁していた。この時、渡唐して軍人となっていた張保皐《チャンボゴ》は、新羅王の興徳《フンドク》王が唐から担わされた寧海軍使という職約を実行すべく、王に海賊の掃討を要請した。張保皐は興徳王から清海大使に任ぜられると、東シナ海から朝鮮海峡に及ぶ海上の治安を維持すべく清海鎮（今日の全羅南道莞《ワン》島《ド》）を設けて、ここを拠点に制海権を掌握し、新羅・日本・唐との間の貿易に従事したのである。

　ところが張保皐は、経済力を高めると政治力をも求め、娘を新羅王室に納妃させることが拒否されると、王室と対立し、ついには八四一年十一月に暗殺されてしまった。その後、八五一年二月にはその拠点であった清海鎮が廃止され、西海上の秩序は壊れて再び新羅海賊が出没することになった。

　この間の承和十（八四三）年八月、対馬島の防人が、正月以来新羅から毎日鼓声が響き渡ってくる、と報告した。張保皐の死去とこれに続く副将の李《イ》昌珍《チャンジン》の反乱、その平定という清海鎮勢力の抵抗に対応する新羅南部の混乱が、大宰府に不安を呼んでいる。

また、清海鎮廃止後の八五五年四月、新羅は日本に使節を派遣したが、使節のもたらした執事省からの牒《ちょう》の文書の内容が日本側の不興を買い、新羅使節は帰国させられるという外交上の摩擦が起こり、新羅への不安は募ることになる。

清海鎮の廃止後、西日本には新羅人の渡来が再び活発化し、それに伴って新羅に対する不安はいっそう高まった。貞観八（八六六）年七月には、肥前の基肄《きい》郡の大領の山春永《やまのはるなが》が新羅に渡り、兵器の技術を学んで仲間とともに対馬島を奪取しようとした、と大宰府に密告されている。同年には、隠岐《おき》の国守であった越智貞《おちのさだ》厚《あつ》が新羅人とともに反逆を謀ったとも誣告《ぶこく》されていた。このため、同年十一月には能登《のと》から大宰府に至る日本海側の海防を強化し、神仏には護国を祈願している。

この対外不安は間もなく現実のものとなった。貞観十一（八六九）年五月二十二日夜、新羅の海賊船二艘が博多《はかた》湾に現れたのである。賊船は豊前《ぶぜん》から貢納される絹綿を略奪して逃亡した。この件は「往古」にも「前聞」したことのない、「国威」を「損辱」した事件として永く日本側に記憶されることになった。

大宰府の外港である博多津にまで来たって貢納品を襲ったというこの海賊の行為から見ると、これは漂流船などではなく、組織化された新羅海賊が西日本を襲った最初の例と考えられる。

同年十二月には、新羅の賊船の襲来があり、大宰府の庁舎や門楼と兵庫に大鳥が集合した怪異が新羅からの「兵寇」を示すものかとの危惧から、神仏への祈願は高まり、また博多湾の警備も強化された。

翌貞観十二（八七〇）年二月には、新羅に捕捉されていた対馬島の卜部乙屎《うらべのおとくそ》麻呂《まろ》が逃げ帰り、新羅では材木を伐り出して大船を建造したり、兵士の訓練を行ったりしており、それは対馬島を討ち取るためだという新羅の風聞を伝えてきた。

この伝聞は新羅への警戒心をさらに高めた。新羅の貿易商人であった潤清《ユンチョン》ら三〇人は、前年に豊前の絹綿を略奪した新羅の賊船の仲間であると疑われ、また大宰府管内に寄寓する新羅人も、新羅が侵入してくればこれに内通するであろうと疑われてともに拘束され、九月には武蔵《むさし》、上総《かずさ》、陸奥に配置された。同年十一月には、大宰少弐藤原元利万呂《もとりまろ》が新羅王と内通しているとの疑いもかけられたほど、大宰府における不安と動揺は高まっている。

貞観十五（八七三）年三月には、正体不明の二艘の船が薩摩の甑島《こしきじま》に漂着した。大宰府では、乗船する六〇人の「頭首」である崔宗佐《さいそうき》と大陳潤《だいちんじゅん》は渤海《ぼっかい》国人であり、徐州平定の祝賀のために唐に派遣されたが、海難に遭って甑島に漂着したことを把握した。だが薩摩の国司は、二人が今日のパスポートともいえる「公験《くげん》」を持参せず、「年紀」も正しく書いていないことから、渤海国の使者であるという二人の自供に不審を抱いた。二人は渤海人を騙った新羅人が日本の沿海を探るものと疑ったのである（以上、『日本三代実録』巻十三～二十三）。

入唐僧《にっとうそう》の円仁《えんにん》は『入唐求法巡礼行記《ぐほうじゅんれいこうき》』の八三九年八月十三日の記録に、渤海の貿易船が山東半島の先端にある青山浦に停泊していたことを記録しているが、渤海の貿易船の活動範囲は東シナ海へ広く拡大しつつあった。さらに、張保皐の死去後、九世紀後半には、東シナ海を舞台とする貿易には、出身国や公私を問わない現実的な集団が形成され始めていた。甑島に漂着したという船は、貿易の寄港地を西南九州にも求めた新しいタイプの貿易船かと考えられる(7)。

このように西日本において新羅と新羅人への警戒心が高まるなかで、八九三年五月には新羅の海賊は肥前の松浦郡を、翌閏五月には肥後の飽田郡を襲って逃亡した。翌八九四年には二・三・四・九月と頻繁に対馬島などを襲っている（『日本紀略』）。この内、九月の新羅海賊は四五艘で対馬島を襲撃したが、島守の文室善友《ふんやのよしとも》らは善戦して賊の三〇二人を殺害し、多数の兵器を獲得している。

この戦いで捕虜となった新羅人の賢春《ヒョンチュン》は、新羅では不作から飢饉が発生しており、国家財政を補充するために王の命令を受けて対馬島を襲ったと告白したが、その規模は実に船一〇〇艘と二五〇〇人であったともいう（『扶桑略記』二十二）。確かに、これより先の八八九年、新羅では慢性的に窮乏する国家財政を補充するために賦税の取り立てを厳しくしたため、各地に反乱の起こったことが『三国史記』新羅本紀には記録されている。新羅王の命令による海賊行為であったという賢春の告白は、あながち捕虜の命乞いのために発した虚言ではないように思われる。

この間、大宰府管内では新羅の流民と海賊の出没に不安感が高まっていた。天安二（八五八）年閏二月二十四日に、肥後国では、「菊池城院の兵庫の鼓、自ら鳴」り、また翌二十五日にも「又、鳴」ることがあった（『日本文徳天皇実録』巻十）。かの鞠智城が二〇〇年近くを経て、菊池城院として記録に現れている。この変化の背景には、百済滅亡後の対外危機に備えて築城された「武」の性格と、また隼人や南島勢力に対応する、「文」「武」の「威」を備えて「繕治」されたこの山城が、ここにきて、再び対外危機に対応する「武」の意義を強めたということが考えられる。

この年の六月二十日には、大宰府から朝廷に「肥後国の菊池城院の兵庫の鼓、自ら鳴り、同城の不動倉十一宇、火《ひ》く」との報告があった（『日本文徳天皇実録』巻十）。兵庫の変異は、翌貞観元（八五九）年正月二十二日条にも「筑前国志摩《しま》郡の兵庫の鼓、自ら鳴る。庫中の弓矢に声有り。外に聞こゆ」との報告が大宰府から朝廷に届いた（『日本三代実録』巻二）。貞観十二（八七〇）年六月には、大宰府では肥前国杵島《きしま》郡の兵庫が震動して、鼓が二度鳴ったとの報告を得て、このことを著（めどはぎ）の葉と亀で占ったところ、「隣兵を警《つつし》むべし」との判定が出た。そこで、筑前・肥前・壱岐・対馬等に「不慮」を警戒させた。この「隣兵」や「不慮」とは新羅海賊の襲来のことであろう。警戒の風潮のなかで、先に捕えられていた新羅人の潤清《ユンチョン》ら三〇人の内の七人が逃亡している（『日本三代実録』巻十八）。「兵庫の鼓が自ら鳴」るとは兵士召集の合図であり、菊池城院と志摩郡や杵島郡の兵庫がともに警戒する対象とは、西海に跳梁する「隣兵」という新羅海賊の襲来のことであろう。菊池城院が大宰府に連なる軍事的施設でもあり、ここが外敵の前面になることも危惧されたのである。

貞観十七（八七五）年六月には、「大鳥二、肥後国玉名《たまな》郡の倉の上に集ひ、西を向きて鳴く。群烏数百、菊池郡の倉舎を葺く草を噬《か》み抜く」ことがあった（『日本三代実録』巻二十七）。また、元慶二（八七八）年九月七日にも「大鳥有り、肥後国八代《やつしろ》郡の倉の上に集ふ。また宇土《うと》郡の正六位上蒲智比咩《かまちひめ》神社の前の河水、赤く変すること血の如し」という怪異が続いた。陰陽寮《おんみょうりょう》はこれらの怪異は、肥後国の風水火の気が整わないものと占ったが、この肥後国の菊池城院と五郡に現れた怪異、なかでも大鳥が玉名郡倉から西を向いて鳴くことは何を予兆しているのであろうか。それは、やはり「隣兵」という新羅の海賊の出没のことであろう。

元慶二（八七八）年十二月十一日、大宰少弐嶋田忠臣《ただおみ》らが「新羅虜船、我国に向かはんとす。宜しくこれが備へをすべし」との香椎宮《かしいのみや》の託宣を政府に報ずると、刑部大輔《ぎょうぶたいふ》弘道王《ひろみちおう》は伊勢神宮に冥助を祈願し、民部大輔藤原房雄《ふさお》は大宰府に下向して「戎事」を警戒し、また兵部少輔平季長《すえなが》も大宰府に出向いて香椎宮などの諸社に幣《みてぐら》を奉じている。「新羅凶賊、我隙を窺はんとす」る不安は、先の「肥後国に大鳥集ふことあり、河水、赤く変」じた怪異に結びつけられて解釈されることになる（『日本三代実録』巻三十四）。

不安の予兆は続く。元慶三（八七九）年三月十六日にも、豊前国の八幡大菩薩宮にある神功《じんぐう》皇后の前に備えた瓺《かめ》が九〇片に破裂したことがあり、破裂する時の鳴き声は犢《こうし》の細い声のようであった。また肥後国の菊池郡城院の兵庫の戸が自ら鳴ることがあった（『日本三代実録』巻三十五）。菊池郡城院の兵庫が自ら鳴ることは四度目である。

この不安の予兆は、寛平五（八九三）年閏五月には現実のものとなった。前述したが新羅の賊が肥後国飽田郡を襲って七人の宅を焼き、肥前国の松浦郡に逃げ去ることが起こったのである（『日本紀略』）。

菊池城院の兵庫に現れた怪異（天安二〈八五八〉年に三度、元慶三〈八七九〉年に一度）は、大宰府の西海に出没する新羅海賊の跳梁に連なる予兆として理解されたが、それは菊池城院が鞠智城の築城以来、朝鮮半島の情勢を警戒の一つとしてこれに対応する「武」の性格と機能をその施設とともに継承していたからであろう。菊池城院の性格と機能のこの一面は、鞠智城と菊池城院の施設構成にどのように見て取れるのであろうか。

おわりに

ここまで論者は、日本古代史に精通しないながらも、朝鮮古代の政治と社会の動向に注目して、七世紀から八世紀の鞠智城、そして九世紀の菊池城院の性格を考察してきた。大宰府に連なる鞠智城は朝鮮半島の動向に対応して築城されて以来、その機能を充実させてきた。七世紀末葉に半島情勢が安定すると、鞠智城は九州南部を律令体制内に編制する施策にも関係して、大宰府の軍事と外交に連なる要衝として「繕治」されたと考えられた。八世紀を経るなかで、鞠智城は軍事と外交という二つの機能を保持しながら、菊池城院となる。「城」と「院」の二つの機能を一つの所に備えた菊池城院は大宰府が大野城と基肄城を府の東西に備えて「府」と「城」を分離していたこととは対照的である。山城のなかに兵制とともにこれとは異なる性格の施設を備えたことから「城院」と称されたのではなかろうか。その時代は八世紀中のことと見られるが、それは、換言すれば、鞠智城が朝鮮式山城の構造と機能の上に後に民政と外交の構造と機能を備えたことを意味しよう。この「城院」の構造は鞠智城の発掘情報からどのように読み取れるであろうか。

〔注〕

(1) 森公章『「白村江」以後―国家危機と東アジア外交―』(講談社選書、一九九八年)、亀田修一「日韓古代山城の比較」『古代武器研究』九号(古代武器研究会、二〇〇八年)。
(2) 西谷正『魏志倭人伝の考古学』(学生社、二〇〇九年)。
(3) 小田富士雄「西日本の古代山城跡」『九州古代文化の形成〈下巻〉歴史時代・韓国篇』(学生社、一九八五年)、大田幸博「肥後・鞠智城」『古代文化』四七巻一一号(一九九五年)、高正龍「韓国古代山城」『古代文化』四七巻一二号(一九九五年)。
(4) 永山修一『隼人と古代日本』(同成社、二〇〇九年)。
(5) 前注(4)に同じ。
(6) 佐伯有清「九世紀の日本と朝鮮」『日本古代の政治と社会』(吉川弘文館、一九七〇年)。
(7) 拙稿「王権と海上勢力―特に張保皐の清海鎮と海賊に関連して―」『新羅国史の研究―東アジア史の視点から―』(吉川弘文館、二〇〇二年)。

Ⅲ部　パネルディスカッション

コーディネーター
大田　幸博
パネラー
岡田　茂弘
佐藤　信
濱田　耕策
（五十音順）

鞠智城と「車路」

司会　お待たせいたしました。それでは、準備が整いましたので、パネルディスカッションに移らせていただきます。ここからは熊本県立装飾古墳館の大田幸博館長に進行をバトンタッチいたします。

大田　先生方からご熱心な発表がございました。とても示唆に富んだ内容でしたが、限られた時間の中で非常に無理をなさったものと恐縮いたしております。そこで、言い足りなかった先生方もいらっしゃると思いますので、追加がございましたら、五分程度、お話をいただきたいと思います。

　まずは岡田先生。先生は、九州南部を統括した鞠智城《きくちじょう》の役割がメインのお話でしたが、その他に興味深い話題として「車路《くるまじ》」の問題も取り上げていただきました。そこで、特に「車路」について補足していただければ助かります。先生、よろしくお願いいたします。

岡田　今、「車路」について補足を、というお話がありましたが、その前に一つ、申し上げたいことがあります。それは、なぜ文武二（六九八）年に鞠智城を、大野《おおの》城・基肄《きい》城といっしょに繕《つくろ》い治《おさ》めたのか、ということです。実は、濱田先生のお話にも関連することで、先生からもそのお話がありましたが、鞠智城の役割を考えるうえで重要な問題でもありますので、私の方からも少し補足をさせていただきます。

図1　コーディネーターの大田幸博氏

豊前国府
大野城
大宰府
基肄城
肥前国府
筑後国府
豊後国府
有明海
鞠智城
阿蘇
菊池川
肥後国府
九州山地
不知火海
日向国府
日向国（7世紀～）
霧島
薩摩国府
日向隼人
甑
大隅国府
薩摩（唱更）国（702～）
大隅国（713～）
鰐塚山地
阿多隼人
大隅隼人
多褹
夜久
奄美
度感
N
0
80km
多褹国（702～824）

図２　古代の西海道

鞠智城が繕治されたのは、五月二十五日のことでした。補足したい話題は、その直前、四月十三日の記録と、その二年後の文武四（七〇〇）年の記録でございます。

文武二（六九八）年四月十三日に、大和朝廷は、務広弐《むこうに》文忌寸《ふみのいみき》博士《はかせ》等八人を南島に派遣いたしました。これが覓国《くにまぎの》使《つかい》と呼ばれる人たちです。その目的は、南島、つまり種子島《たねがしま》や屋久《やく》島を大和朝廷に従属させるためでした。ところが、文武四（七〇〇）年、六月三日、その覓国使が薩摩《さつま》で妨害されるという事件が起きました。非常に興味深いのが鞠智城の修理が、覓国使の南島への派遣とそれが妨害された事件とほぼ同時に行われた、ということです。つまり、鞠智城の七世紀の末頃の性格を表しているという記録で

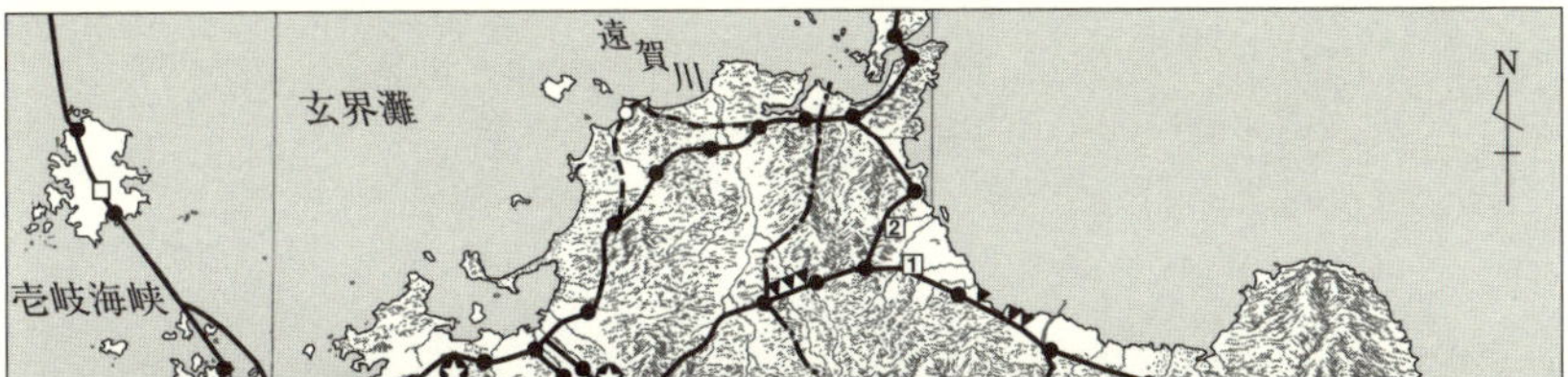

図3　古代西海道と『延喜式』以前想定駅路（木下良「西海道の古代官道について」『九州歴史資料館開館十周年記念　大宰府古文化論叢』上巻，吉川弘文館，1983年の挿図に加筆）

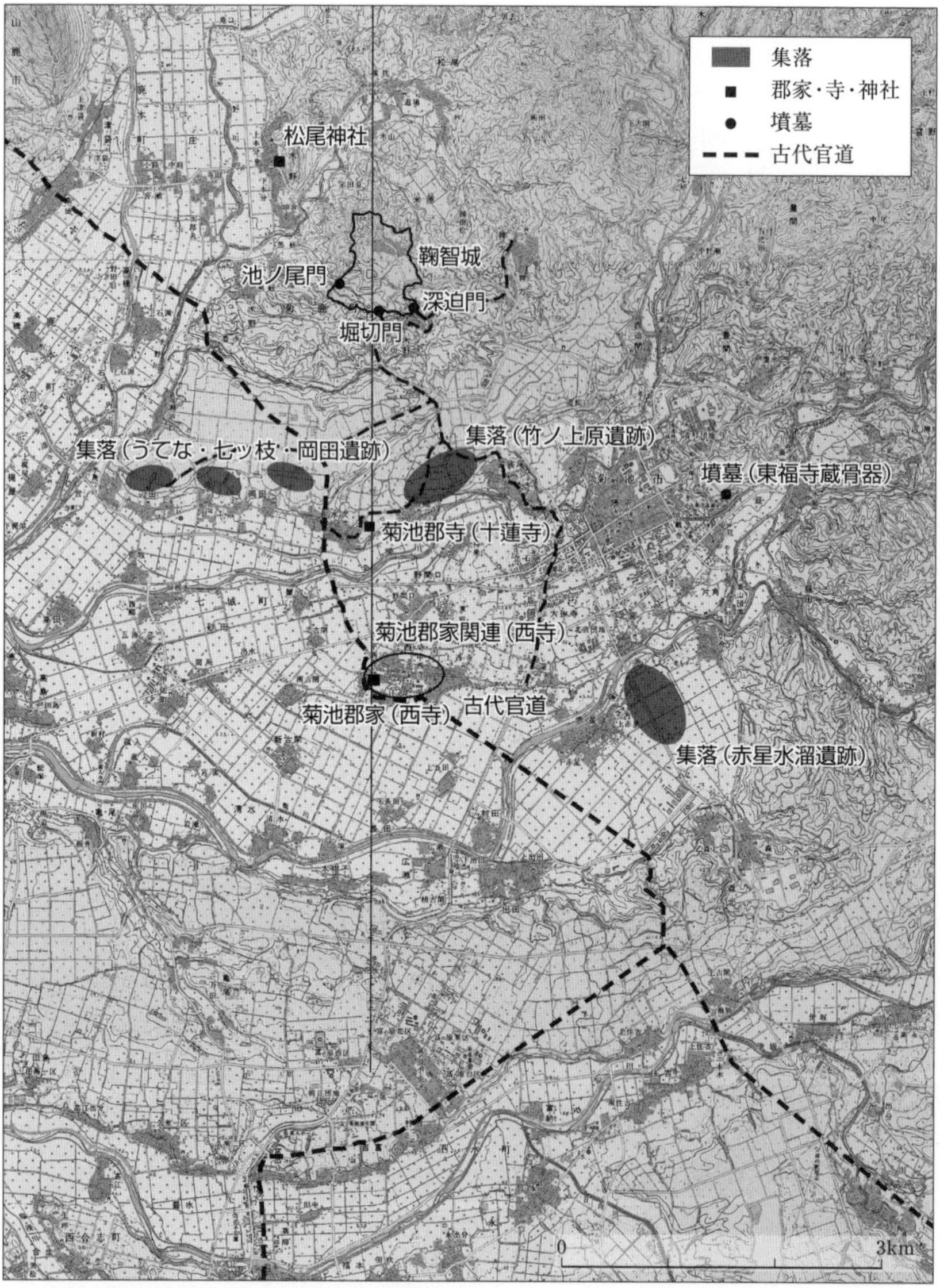

図４　鞠智城周辺の古代遺跡（古代官道のルートについては鶴嶋俊彦「肥後国北部の古代官道」『古代交通研究』７号，1997年より）

はないか、というふうに考えられるわけです。これは、濱田先生もそういった趣旨のことを述べられておりますので、まさにその通りだろうと思います。

次に、笹山先生のご講演の中でもすでに触れられていたことですが、西海道《さいかいどう》の問題です。すでに皆さんご承知のことと思いますが、この西海道は、九州全体を回っていた官道でありました。『延喜式《えんぎしき》』には、その関係で各地の駅家《うまや》が記されています。現在、この駅家を結ぶルートが西海道だ、というふうに考えられておりまして、それがどこを通っているのかという研究が歴史地理学を中心として行われております。また、考古学でもたまたまそのルートに沿う遺跡で道路の痕跡が発見され、西海道との関連が取り沙汰されております。

ところが、肥後国《ひご》では、西海道とは違う道路が地名として点々と出てくる地域があります。それが山鹿郡《やまが》内や菊池《きくち》郡内です。「車路」という地名ですね。読み名では、「クルマジ（車路・車地）」とか「クルマジ」が訛《なま》っての「クルマジ→クルマヂ→クルママチ（車町）」というものです。日本の古代には、もともと人間が乗る車はございませんでした。そうは言いましても、「車路」と呼んでいますから、当時、何らかの車を使っていたと考えざるを得ないわけです。ですから、当時としますと、都を走っていた牛車であるとか、荷車ということになります。この「車路」という地名を追っていきますと、それが何と鞠智城に至るわけです。それも鞠智城の南、南門に当たる鞠智城の堀切門《ほりきりもん》に至っていたと考えられます。つまり、鞠智城は南を向いていたわけですね。

そこで、この「車路」の行く先を見てみたいと思います。この「車路」は、鞠智城の付近で二手に分かれていたことがすでに分かっています。一つは、南に方角を変えて、肥後国府に行く道ですね。現在の熊本市へ行く道です。もう一つは東の方に分かれて、豊後《ぶんご》国の南部、つまり今の大分県の南部を通って日向《ひゅうが》国に至る道です。

この鞠智城が築かれ、そして繕治された頃、大隅《おおすみ》は、まだ日向国に属していました。また、薩摩国は、当初は唱更国、ハヤヒトコクと私は読んでいるのですけれども、この唱更国とされていました。この唱更国が置かれるのは大宝二（七〇二）年のことでしたので、当然まだ無かったわけですね。そういう地域ですから、九州の南の方は、隼人《はやと》の地であり、まだ倭《わ》の国に入っていないという段階だったのではないでしょうか。その段階に鞠智城が築かれ、繕治されたわけです。しかも鞠智城は、南を向いています。鞠智城と九州南部との間に何か関連を窺わせてくれて、興味深いものがあります。そんなことで、私は、鞠智城の南にある、車路、官道との関連で考えてみたわけです。以上です。

大田　岡田先生のお話ですが、「鞠智城がなぜ南

図5　堀切門跡発掘調査状況　軸摺り穴が穿たれている門礎石が見える。

を向いているのか」という従来からの問題を提起されました。白村江《はくすきのえ》の戦いでの敗戦を受けての守りですと、当然、北を向いていなければいけない、というような話になります。車路との関係は、ここ十数年間、取り上げられていますが、最近たくさんの新資料が出ていまして、岡田先生から、そのような方面でのお話を伺いました。

次に、佐藤先生にお願いしたいと思います。佐藤先生には、西海岸を含めた九州の烽《とぶひ》のネットワークと、八、九世紀の鞠智城の性格について、詳しいお話をいただきました。特に八世紀の大宰府《だざいふ》をはじめとして、肥後国司や、菊池郡との関係は興味深いものでした。補足がございましたら、お願いいたします。

建物の変遷と城の機能の変化

佐藤　他の先生方のお話も含めて考えますと、鞠智城の役割というのは、大陸・半島との関係、つまり対外的な関係、あるいは南九州に向けての関係、あるいは南島に向けての関係と多岐にわたっていることが推定されています。それと同時に、私がお話ししましたように、律令国家の中央政府との関係ですとか、あるいは大宰府との関係ですとか、あるいは肥後国府、国司との関係ですとか、あるいは菊池郡の郡司など、地元との関係ですとかが重層的にあったのだろうと想定できます。私が言いたいのは、その鞠智城の果たした機能は常に一つだけに限定されるも

図６　パネラーの佐藤信氏

のではなくて、時代によって重層的、複合的に、幅広く多様な機能が展開していたのではないか、ということです。それぞれの時代に、いろいろな交流関係の中で、鞠智城の歴史が展開していたのではないかということを、考えなくてはいけないと強く感じております。

　そこでお願いしたいのは、鞠智城の建物の変遷を具体的に整理していただきたいということです。発掘調査の成果として、例えば倉庫群を大田先生は、四期に分けて考えておられました。小型の掘立柱《ほったてばしら》建物の時代から大型の掘立柱建物の時代になり、次に小型の礎石《そせき》建物の時代から大型の礎石建物の時代になるというような変遷だったかと思います。つまり礎石建てでもっとも立派な鞠智城の姿になるのは、具体的にいつの時代になってからかということです。また、最初の時期は、建物が小振りだったということになりますが、百済《くだら》の技術をどのように使ったのか、鞠智城の技術と百済の技術がどういう関係になるのかということです。このことは考えなくてはいけない、と強く実感しております。おそらく最初に、一番立派な鞠智城だったというイメージではないのでしょうね。今日のお話によれば、むしろ段々と立派になっていく、ということが言えるようですね。

　私たちが持っている鞠智城自体のイメージと、私たちが持っている日本古代史のイメージ、あるいは律令国家のイメージというのが、当然リンクしていくと思うのですが、そのことに関して、鞠智城がどういう調査成果、研究成果を発信できるかが問題になっていくのかな、と感じております。

大田　今、佐藤先生からご質問等がございましたので、建物の建て替えについて簡単にお答えします。鞠智城ではこれまでに七二棟の建物跡が出ておりますが、ある調査区で、大型の掘立柱建物、小型の掘立柱建物、小型の礎石建物、そして最後に大型の礎石建物という変遷を捉えることができました。この変遷ですが、

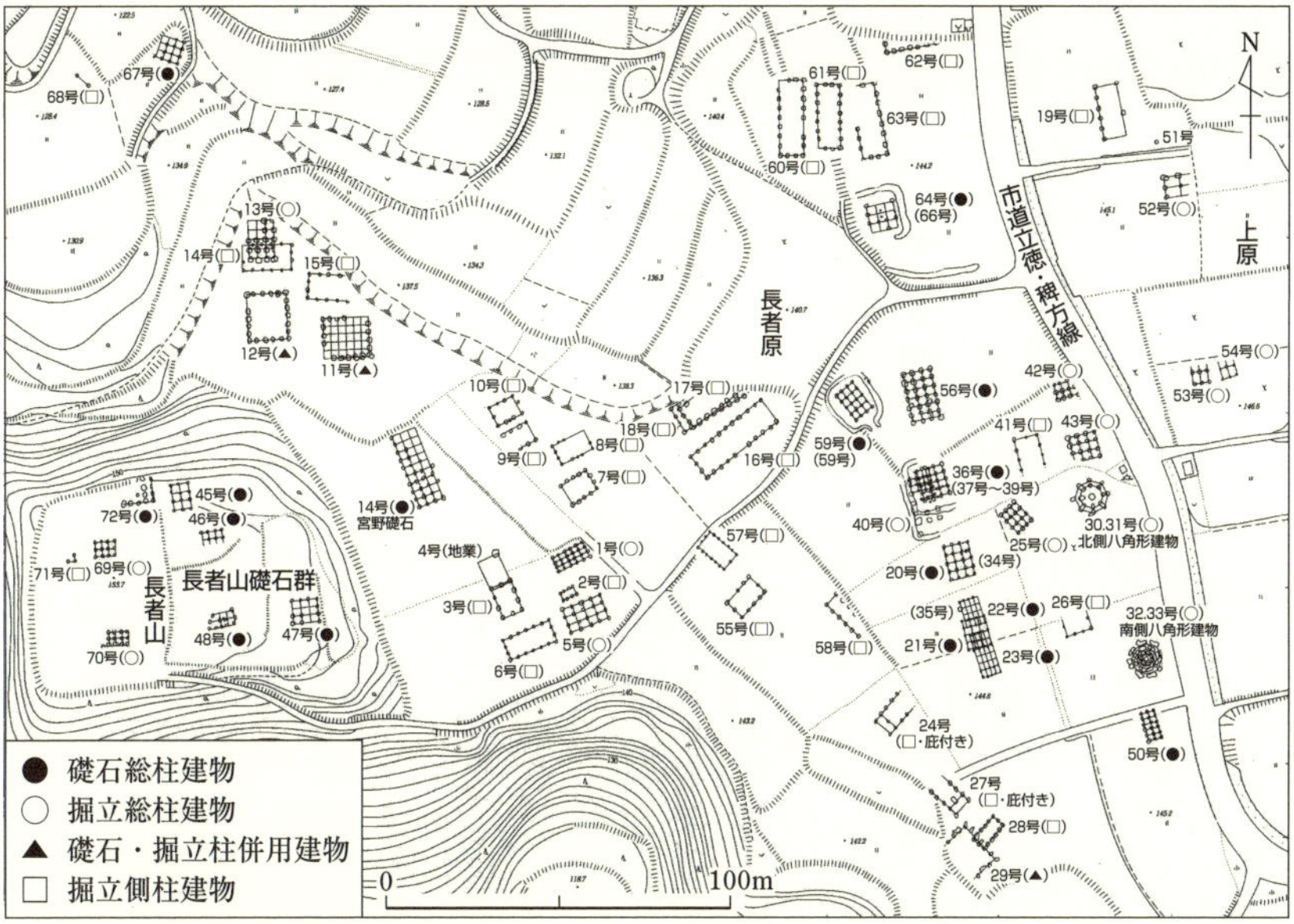

図７　長者原地区の建物検出状況

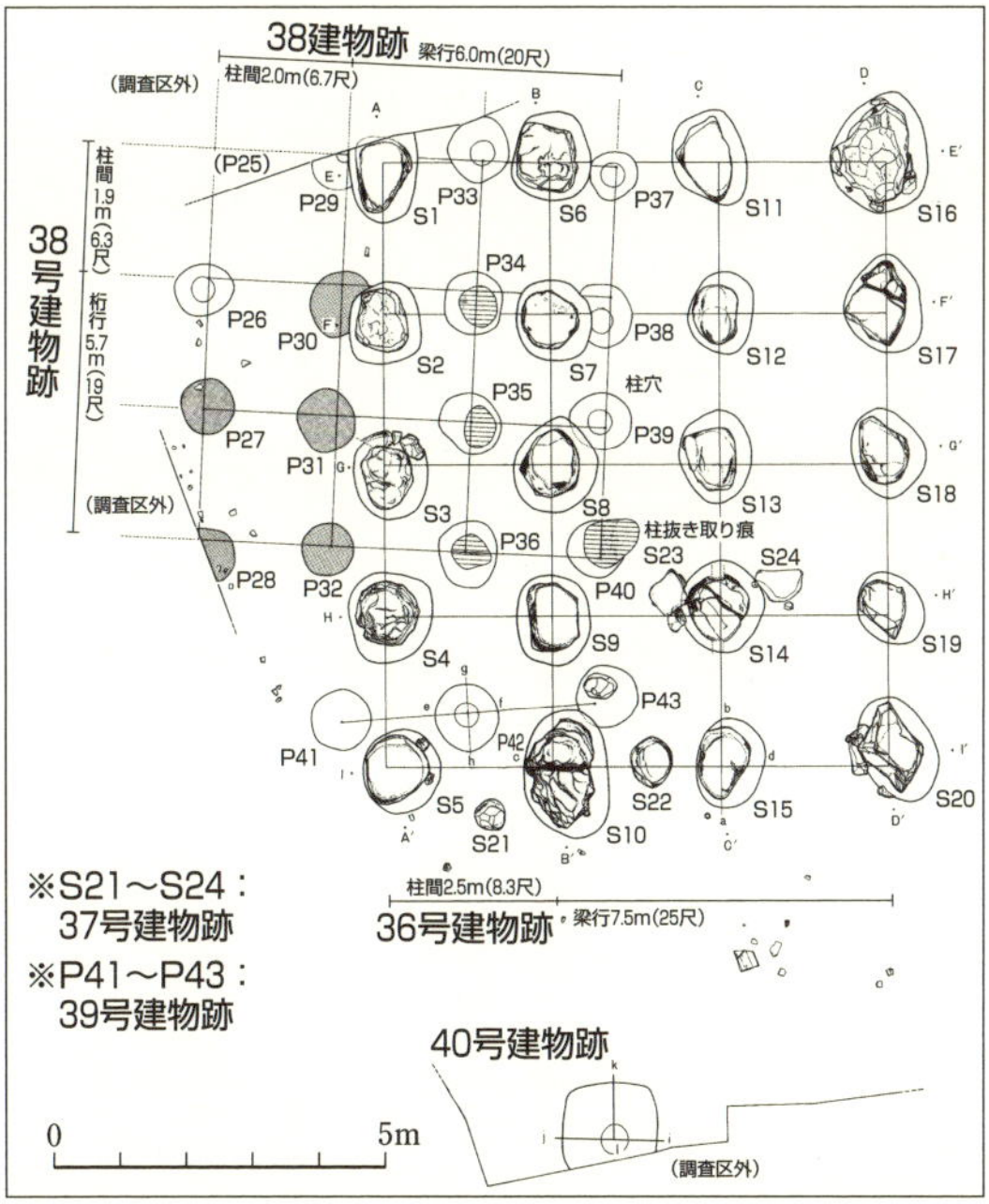

図８　建物跡の建て替え状況
36号〜40号の建物跡が切り合っている。その変遷は，40号→39号→38号→37号→36号。

最後の大型の礎石建物は、大きな礎石が使われていますが、地業《ちぎょう》が雑で、礎石自体が傾いているものがあって、しっかりした建物ではなさそうです。しかも、これはたまたま、この調査区に限った遺構の切り合いかもしれません。ですから、これを鞠智城全体に当てはめることはできないかもしれません。鞠智城の七二棟の建物跡を精査しますと、もっとしっかりした大型の礎石建物があります。ですから、この四時期が、鞠智城全体の変遷に当てはまるとは言えないかもしれません。

また、冒頭で説明をいたしましたが、建物が建っていた所が昭和四十二（一九六七）年の開田事業によって地山まで削られておりました。それ以前は、畑として利用されてきましたので、遺構の前後関係が摑めないところもありました。難しいところもありますが、佐藤先生からそういったご質問等がございましたので、もう少し私どもの方で調べたいと思います。

さらに、佐藤先生からは、非常に立派な成果が出ているけれど、情報発信ができていないとのご指摘もいただきました。これも私たちの怠慢でもございます。とにかく今後一生懸命、PRに努めたいと考えております。

それでは、濱田先生、お願いします。

南島への威圧の役割

濱田　先ほどの岡田先生のお話に関連しまして、補足をさせていただきます。例えば、覓国《くにまぎ》の使者、あるいは「其度感島《とかのしま》の中国（ここでは倭国のこと）に通ふこと、是より始まる」という、記録にあるような大和《やまと》政権に通う南島からの使節がいます。例えば、彼らの通行路にこの鞠智城が含まれていたり、あるいは肥後国の国衙や官道が彼らの通行路に当たっていたとすれば、それぞれの使節が都に上がって行くまでの間、日本の国の様子を見たりします。そこで彼らは、律令体制が整っていることを感じたりするかと思います。大和政権の側からすれば、律令国家の威容といいますか、威風といいますか、そういった雰囲気を相手側に感知させるという機能が期待されているかとも思います。実は、鞠智城の豊かな建造物等々にも、そのことが言えるのかどうか、それが気になるところです。

と申しますのも、八世紀、日本から新羅《しらぎ》国に遣わされた遣新羅使のことが思い浮かびます。当時、彼らがなかなか渡海したがらないケースがあったようです。それは、新羅が自国中心姿勢であったし、大和政権の方も自国中心主義であったということと関係しております。お互いに自国中心主義を持っている者が出会った時に、それが障害となって、外交がうまくいかないケースがあったようなのです。

遣新羅使が新羅の都に行くルートには、今の蔚山《ウルサン》から入りまして、蔚山広域市北区の泉谷洞《チョンコクドン》と慶州市外東邑《ウェトンウプ》毛《モ》火里《ファリ》の境に関門《カンムン》城という長城があります。この関門城は、七二二年、統一新羅が日本の侵攻に備えて築いた、万里の長城のような石城です。新羅の都、金城《クムソン》の二〇キロほど南の地点に、東西一二キロほどの城壁が残っています。また、その石城の東側の山の上に万里《マルリ》城という大きな円形の山城があります。遣新羅使はその関門で入国手続きを取り、そして新羅の都に入るわけです。その都に入りますと、北

図9　パネラーの濱田耕策氏

図10　万里城の石塁

図11　整備された関門城の城門壁

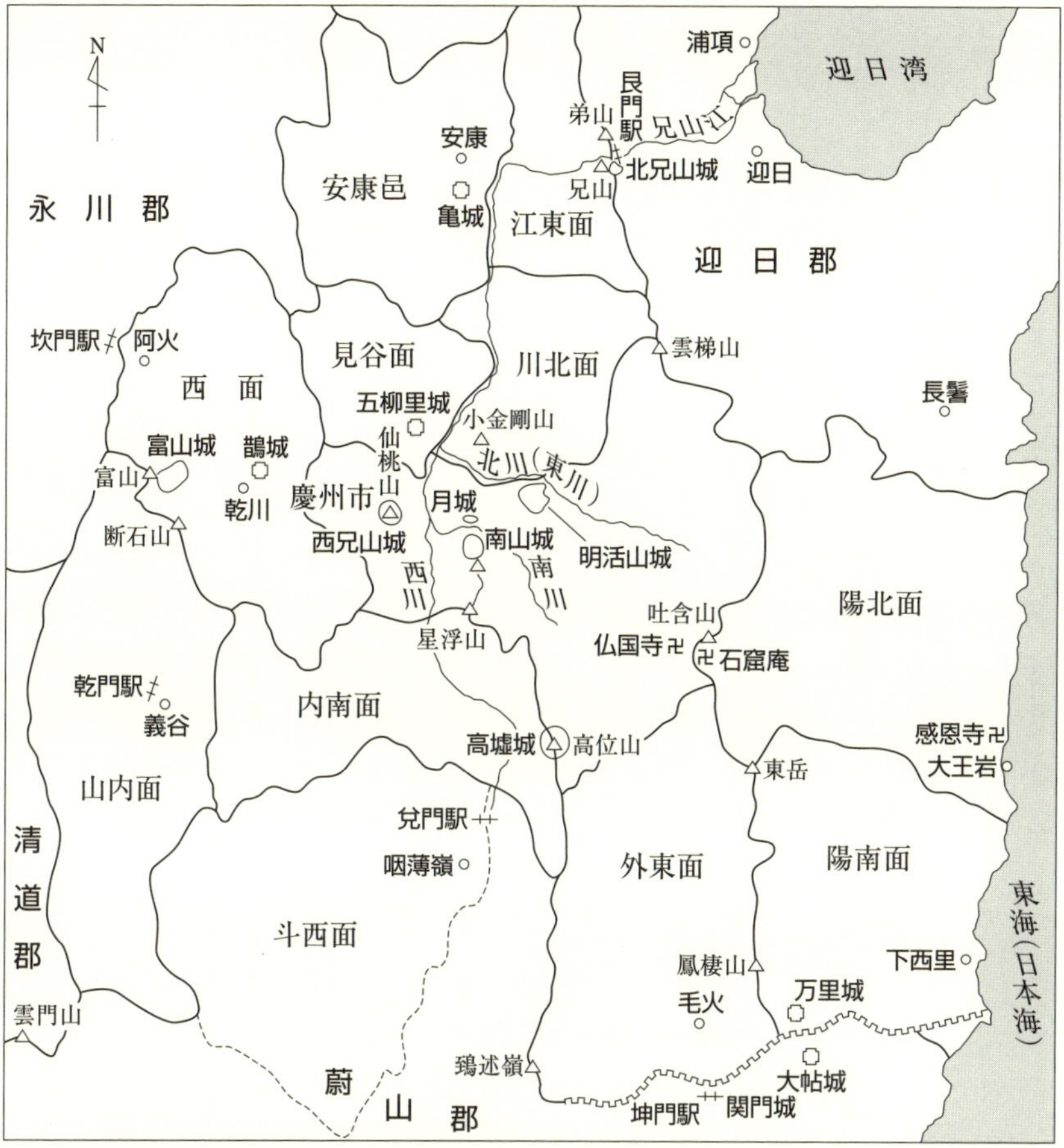

図12　新羅王都（金城）周辺の山城配置状況（井上秀雄「遺跡分布からみた新羅の城郭」田村圓澄・秦弘燮編『新羅と日本古代文化』吉川弘文館，1981年より）

側に北兄《ブッキョン》山城、西側に富山《ブサン》城と西兄《ソヒョン》山城、東側に明活《ミョンファル》山城、南側に南山《ナムサン》新城と、都を取り囲むように石造りの山城が聳えていることが分かります。まさにそこが中国（中華）であるかのように大国を印象づけるわけです。

　このように、覓国の使者の派遣、あるいは南島勢力を威武するという側面で、鞠智城の構築のあり様というのが考えられないのかですね。それがちょっと気になるところです。

　もう一つは、今福岡に住んでいながら、福岡に帰ると叱られそうですが、大宰府中心に考えるということ

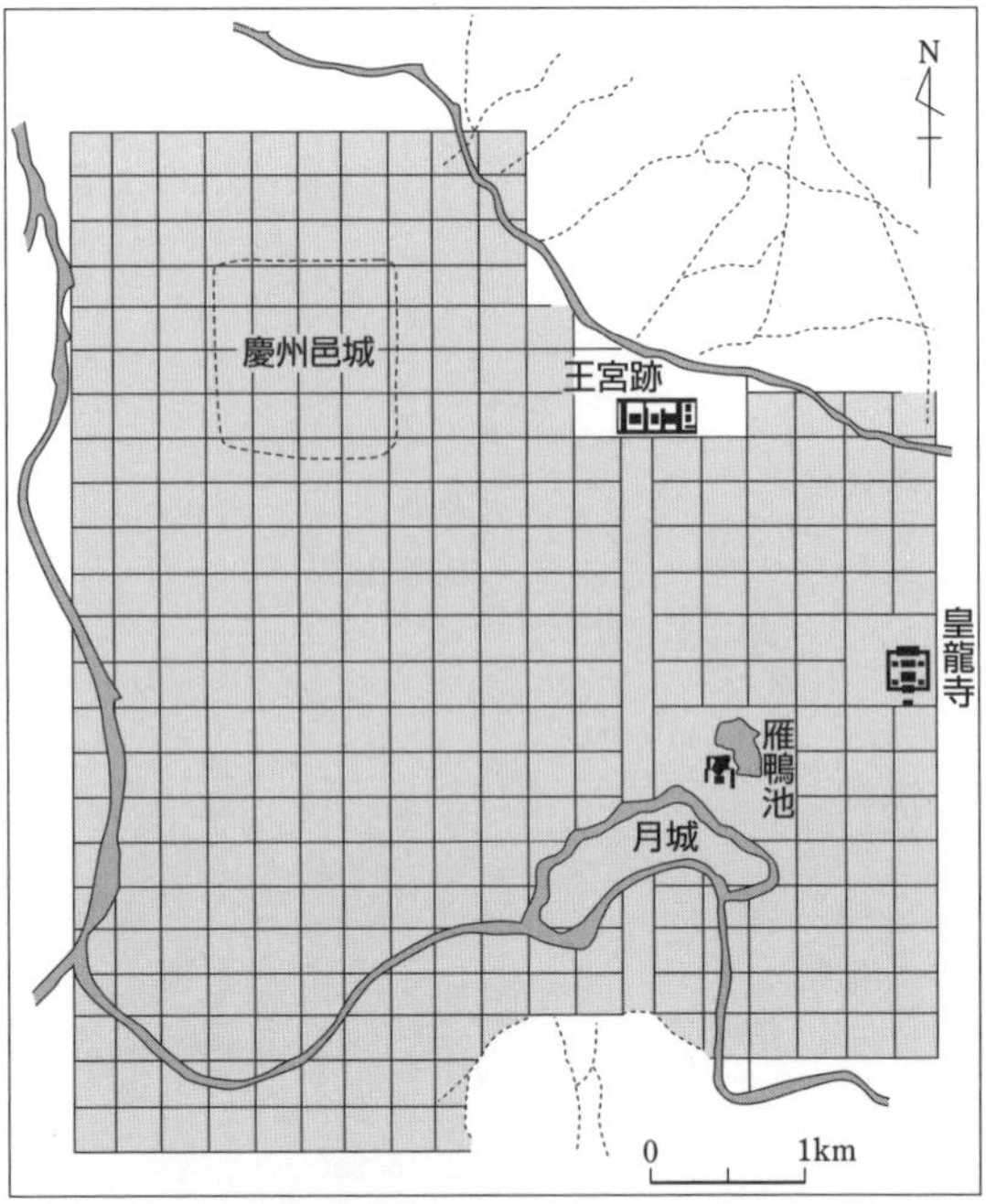

図13　新羅王都（金城）（奈良国立文化財研究所・朝日新聞社編『平城京展』1989年より）

図14　明活山城の石塁

を時々止めてみてもよいのではないのかな、ということです。地方中心で考えてみて、また大宰府中心に戻る、ということも大事ではないかと、鞠智城を考えながら思った次第です。

行政的な機能はあったのか

大田　先生方とは、シンポジウムの前にいろいろと打ち合わせをしました。その中で、鞠智城は、古代山城が大原則であるけれど、九世紀の後半まで残ったということが話題になりました。やはり多面的な要素を時代的な変遷の中で考えなければ、説明がつかないのではないか、ということになりました。

このようにして、先生方のお話を伺ってきたわけです。そこで、時間が無く恐縮です、先生方に質問が来ております。まず、最初の質問は、

> 鞠智城は、大野城等との後方支援基地（武器・食料）としての古代山城なのか、それとも有明海《ありあけかい》を意識した城なのでしょうか。肥後国府は、有明海を意識して変遷したと聞いています。

というものです。この件につきまして、岡田先生、いかがでしょうか。

岡田　今のご質問の中の前段の方ですね。皆さんは、大野城の性格をご存じだと思って言わなかったのですが、大野城というのは、基本的には朝鮮の山城と同じものです。つまり、敵に攻撃された時に逃げ込む所なのです。この逃げ込み城という考え方は李進熙さんが書いておられます。要するに、戦時下、敵に集落を攻撃されますと、一家を挙げて皆山へ逃げ込むわけですね。その逃げ込む所が城だという性格を持っている

わけです。

大宰府の周辺には、背後に大野城があったり、南に基肄城があったり、東に宮地嶽《みやじだけ》があったりします。ところで、この宮地嶽は、新しく発見された山城でして、文献には全く出てきませんから、定義からいうと神籠石《こうごいし》になるのでしょうか。大宰府周辺の人々は、いざ有事の際には、この三つの城に分かれて多分逃げ込んでいたのではないかと考えられます。朝鮮式山城というものは、当然、そういう性格ですから、それらの支援のために鞠智城があるということは、ちょっと考えられないのではないでしょうか。ただし、大宰府のために鞠智城が存在するということは考えられると思いますよ。

もう一つは、大野城、基肄城などでは武器倉や米倉があることは分かっているのですが、行政的な施設があったというのは今のところ分かっていません。これは調査が行き届かないから分からないという面も確かにあるとは思いますが、その一方で、そうではないという面もあるのではないかと考えております。先ほど鞠智城を紹介したＤＶＤで皆さんご覧になられたと思います。それを観ますと、実に広々とした平坦面が鞠智城にあることがお分かりになったと思います。実は、あれに匹敵するような平坦面が大野城にも基肄城にもございません。非常に深い谷が中を通っているわけで、その出口の所に水門や城壁があるわけです。ですから山の斜面に狭い平坦面をこしらえて、そこに倉が並んでいる、というのが大野城や基肄城の内部構造なのです。

図15　パネラーの岡田茂弘氏

図16　鞠智城(上)・基肄城(下左)・大野城(下右)　鞠智城は，大野城や基肄城とは異なって中央部に広い平坦地(長者原)がある。この平坦地一帯から72棟の建物跡が検出されている。

これに対して鞠智城では、広々とした所に役所的な掘立柱建物が並んでいるわけです。これは一体何のためだ、と申しますと、私は考古学者ですから、関連する他の遺跡から考えることにしています。まあそれで考えようとしますが、残念ながら九州の古代山城の中には、類例がありません。そこで、その類例を敢えて求めたのが東北の古代城柵《じょうさく》だったわけです。そういう発想から始めたわけです。

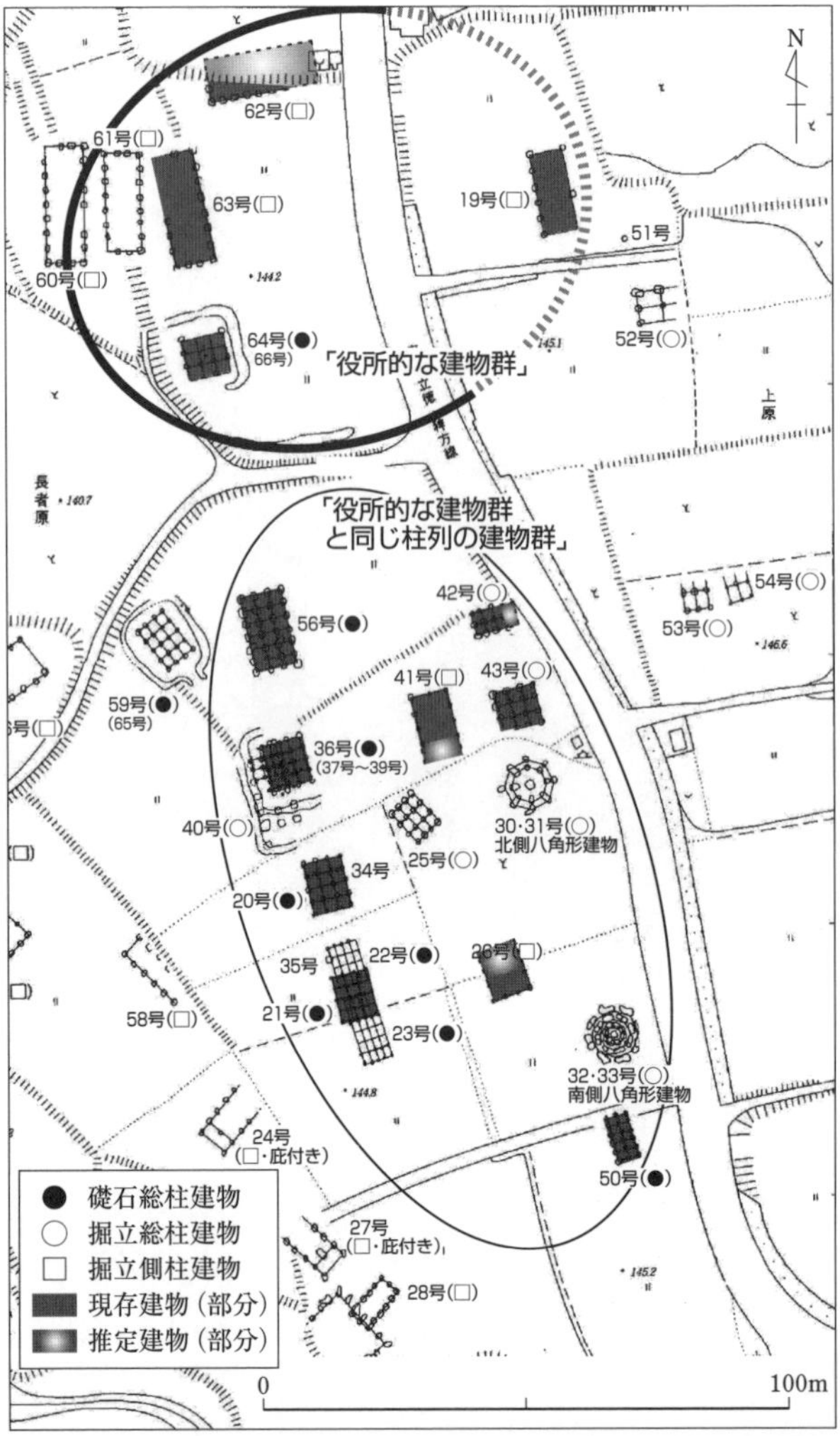

図17　「役所的な建物群」(管理棟的建物群)とその周辺の建物群

東北の古代城柵について、時間の関係で説明を外しましたので、ここで少し説明をさせていただきたいと思います。例えば多賀《たが》城というのが宮城県にあります。これは陸奥《みちのく》国の国府の所在地です。それから九世紀になりますが、胆沢《いさわ》城というのが岩手県にあります。ここは、坂上田村麻呂が築いた城で、これは鎮守府《ちんじゅふ》が入っていた城です。つまり、両方とも行政機関が入る城です。この特徴は、秋田《あきた》城も同じでありまして、秋田城もある時期には、出羽《でわ》国の国府が入っていました。東北では、こういう行政機関の入る城が築かれていたのです。

ところで、九州の古代山城の中では、鞠智城がどうも行政機関的な施設があるらしいのです。まだ半分しか掘っていませんので、分からないのですが、おそらく全部掘ればこのことを実証できると思います。ただし、後の半分は農地の中に入っていますし、ど真ん中を道路が通っていますので、残念ながらちょっと掘りようがないらしいのですが。

このようなことから考えますと、やはり九州の古代山城の中だけで鞠智城の役割を考えたのでは、解決のできない問題があるのではないか、と思うわけです。

そこで、「鞠智城に行政機関的な施設が入っていたのは、何のためだ」というのが問題になるわけです。それを解決するものに、いくつかの検討課題がございます。一つは文武二（六九八）年の、先ほど申し上げたような南島との関係がございます。またもう一つは南島との間に実は隼人がいまして、覓国使が南島に行くのを妨害している隼人との関係がございます。大宝律令ができた直後に薩摩で反乱が起こりました。大和朝廷はそれを制圧する中で、後の薩摩国である唱更国を設置しました。その時、九州南部の、政治的な、律令国家の施策の拠点になったのが鞠智城だったのではないだろうか、と考えているわけです。

東北では、多賀城の北側に胆沢城が築かれますと、それまで多賀城にあった鎮守府が胆沢城に移されました。なぜ移されたかと申しますと、それまで蝦夷の土地であった所を本格的に開発し、律令国家体制に組み入れるためです。律令国家体制に組み入れるための行政的な中枢機関が胆沢城に移されたわけですね。

それと同じようなことが九州でもあったのではないでしょうか。九州南部を行政的に治めるのは、おそらく大宰府が中心だったはずですが、その出先機関である鞠智城が役割の大きな部分を担っていたのではないか、と考えているわけです。

大田　ありがとうございました。考古学的な立場からの岡田先生のお話でした。

濱田先生、朝鮮古代史のご専門の立場で、この件に関していかがでしょうか。

濱田　私は、鞠智城の役割を考える場合、まず朝鮮式山城の機能を考える必要があると考えています。私も若い頃はそう思っていたのですが、日本では、朝鮮式山城は逃げ城とよく言われます。しかし、それだけでは物足りないところがあります。最近、私は、敵を引きつけ攻撃する、要は敵を引きつけるための山城というふうに考えるようになりました。もちろん一旦逃げるのは逃げますが、敵がやってきた後に有利な立場で戦況を展開するために、登ってきた敵に対して攻撃を仕掛けるのではないかと考えております。例えば、城壁の石を上から落としたのではなかろうか、と思うくらいです。敵を引きつけて、そして反撃する、そういう性格だろうと思っています。ただ、鞠智城は、それには少し当てはまらない面もあるようですね。

岡田先生のお話は、さすが多賀城に長く勤められて、東北の城柵の知識といいましょうか、現場を踏まれた上での見解で、「なるほどな」と思いながらご説明を拝聴しておりました。

白村江の戦いと地方豪族

大田　それでは、佐藤先生、七世紀の大和政権と地域首長との関係について質問が来ております。その質問は、

大和政権は、九州・関東などの地方首長に対して、海外出兵を指令していたのでしょうか。それとも地方首長の協力を得るというスタンスだったのでしょうか。

というものです。佐藤先生、いかがでしょうか。

佐藤　六世紀には、地方豪族は国造《くにのみやつこ》というかたちで大王権力に掌握されていました。もともと倭の大王と地方豪族との間には、同盟的な関係があったと考えられます。それがしだいに支配・従属の関係になっていき、最終的には律令制の下で官僚制的な上下関係で統合された、と考えられます。このご質問に答えるためには、そういう変遷の中のどの段階に白村江の戦いが位置づけられるか、ということが問題になります。

例えば東国の地方豪族たちは、伝統的に大王と結びついて、大王権力の軍事的な基盤を形成した勢力だったと言われております。ですから、東国の地方豪族の場合、動員を受けて参加するということもあったと思います。

一方、白村江の戦いの前の状況を記す数少ない史料の一つに、「三善清行意見封事十二箇条《みよしのきよゆきいけんふうじじゅうにかじょう》」があります。これは、延喜十四（九一四）年に、従四位上行式部大輔《しきぶたいふ》の三善清行が、醍醐《だいご》天皇に提出した政治意見書

です。その中に備中国《びっちゅう》の『風土記《ふどき》』を引用しながら、斉明天皇が今の岡山県、備中の下道《しもつみち》郡にしばらく滞在したことが記されています。そこでは、「天皇 詔《みことのり》を下して試みに此郷の軍士を徴す。即ち勝兵、二万人を得たり。天皇大いに悦び、此の邑を名づけて二万郷《にまごう》といふ」というように、近辺の兵士を動員する作業をやったようで、一つの村から二万人の兵士が動員できたので、「二万（邇磨）郷」という郷の名前ができたということが記されています。

その後斉明天皇は、伊予《いよ》国の、今の松山市道後温泉付近と考えられる熟田津《にきたつ》に二カ月ほど、滞在しています。私は、おそらくその間に伊予をはじめとした、四国の地方豪族を動員したのだろうと思っています。実際、伊予国の風速《かざはや》郡の物部薬《もののべのくすり》という豪族が参戦した記録が『日本書紀』にあります。それから慶雲四（七〇七）年に、讃岐《さぬき》国の那賀《なか》郡の錦部刀良《にしごりべのとら》が抑留先の唐から四四年ぶりに帰還した、という記録が『続日本紀』にあるように、讃岐の地方豪族も参戦したことが分かります。

おそらくその参戦の仕方については、筑紫《つくし》国の上陽咩《かみつやめ》郡

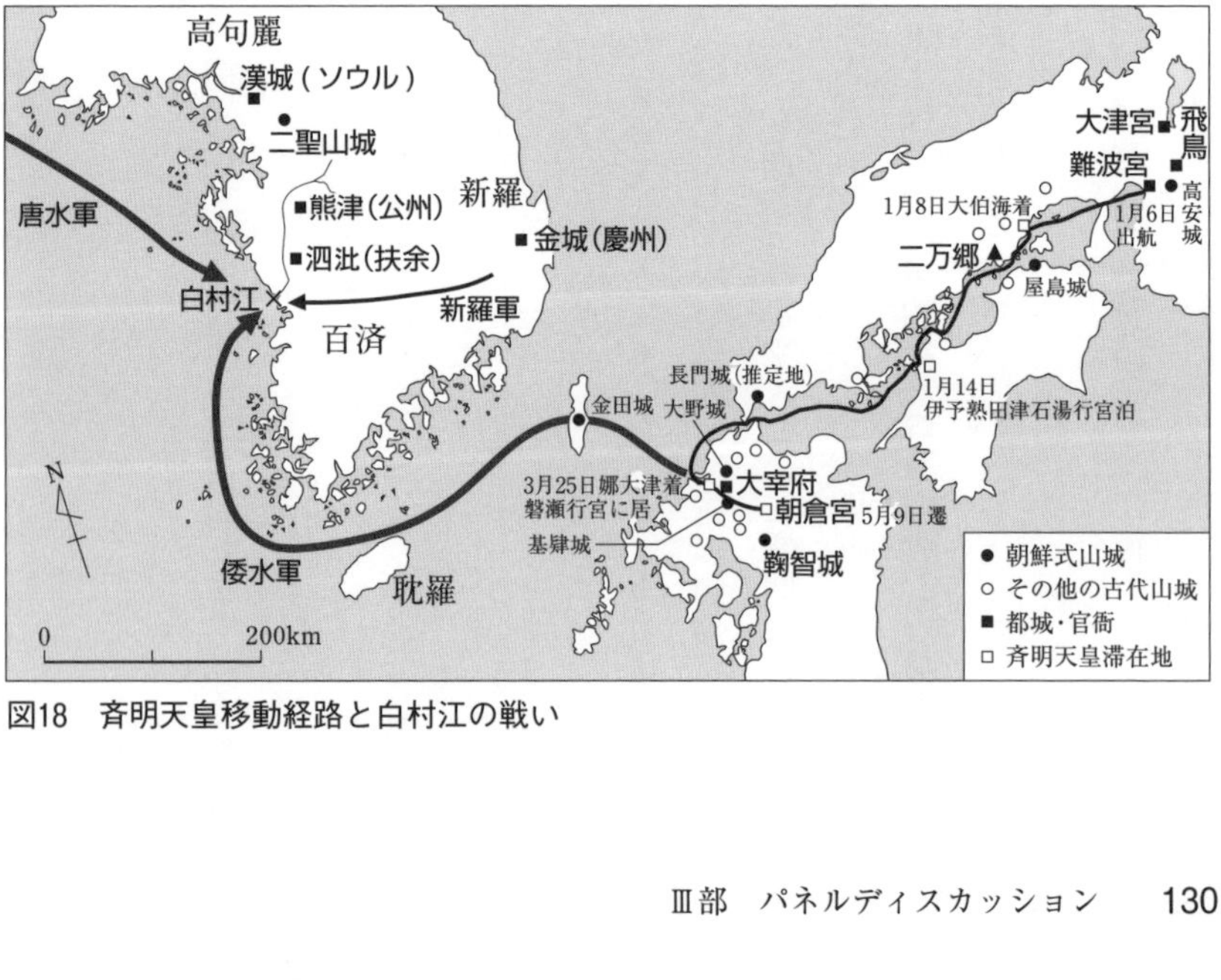

図18　斉明天皇移動経路と白村江の戦い

の兵士大伴部博麻《おおともべのはかま》の記録からある程度類推ができます。捕虜として唐《とう》に連れていかれた大伴部博麻は、一緒にいた筑紫君薩夜麻《つくしのきみさちやま》ら四人の豪族を帰国させるために自らの身を売り、長く唐で苦労したのちようやく帰国したといいます。その中で、筑紫君薩夜麻という、君という姓《かばね》を持つ、筑紫君磐井《いわい》の末裔に当たるような有力な地方豪族の配下として、大伴部博麻のような兵卒たちが参戦していることが窺えるのです。つまり、百済復興に向けて参戦した倭の軍勢は、実体としては地方の豪族の軍を束ねたものだったということが言えそうなのです。

要するに、地方豪族たちは、大王との従属的な関係で参戦した場合もあったでしょうし、動員されて参戦した場合も多かったのではないのかなと思います。

実は、これが倭の敗北の一因だったのかもしれません。唐の軍勢は、律令軍制の下で整然と秩序づけられていました。今風に言えば、師団の下に連隊があって、大隊があって、中隊があって、小隊があるというような、指揮命令系統がはっきりした組織でした。こうした整然とした軍勢に、「我先に進んでいけばどうにかなるだろう」と猪突猛進で突っ走った寄せ集めの軍隊では、最初から敗北が見えていたのではないか、という気がしなくもありません。

白村江の戦いの敗戦から日本列島の各地に戻ってきた地方豪族たちは、そのことを身にしみて分かったのかもしれません。そんな彼らの体験と危機感が、中央集権的な国家体制を築くうえで活きてきたのではないでしょうか。律令制的な官僚制を日本列島で実現するに当たって、白村江の戦いから帰還した地方豪族は、大きな影響を与えただろうと考えております。

大田　ありがとうございました。白村江の戦いから戻ってきてからの地方豪族の働きが、中央集権的な国家体制の成り立ちに繋がっていったのではないか、という非常に興味あるお話でございました。もっと先生方にお話を伺いたいのですが、時間も、もうあと残り僅かとなりました。最後に、先生方から鞠智城の魅力をアピールしていただきたいと思います。

岡田先生、よろしくお願いいたします。

今後の研究への期待

岡田　すでに私の発表の中でお話をしたわけですが、すぐ直前に濱田先生から朝鮮の山城というのは、逃げ込みだけではないといったお話がありました。早々と修正をしなければいけないかもしれませんね。大野城も基肄城も、どちらも国の特別史跡になっております。今までは鞠智城は、すでに特別史跡になっている大野城や基肄城と同じだ、ということを盛んに言ってきました。しかし考えてみますと、同じでない部分があるわけです。同じでない部分こそ、この鞠智城の特性だというふうに、私は今日いろいろと申し上げたわけです。特性の一つは南を向いているということであります。南を向くための、つまり大宰府が南を経営するための拠点として、鞠智城が造られたと考えられるわけです。しかも、二〇〇年の間、城が維持されています。

最初は、大宰府防衛のためだったかもしれません。それが七世紀の末には、違った意味を持ってきたのではないかと思われます。文武二（六九八）年、南島の経営が必要な時に、鞠智城が修理されたということは、もうすでに変質していたからだろうと考えられます。さらに大隅国や、後の薩摩国である唱更国が作られる

図19　パネルディスカッションの一場面

図20　シンポジウム会場の様子

段階では、さらに変わった可能性があります。大伴旅人《たびと》が大隅の隼人の反乱を制圧した時の記録には、残念ながら鞠智城は全く出てきませんが、おそらく鞠智城を経由していたと私は考えているわけです。そういう点で、単なる逃げ込み城とは違う要素を鞠智城は持っていた、と考えたわけです。今こそ、その研究をすべきだろうと思います。

と同時に、「車路」と言われている道路跡の発掘は、熊本県では全く行われていないですね。やはり鞠智城の中だけ掘っているのでは分からないわけです。鞠智城に至る道路の痕跡がいつまであったのか、いつ頃に無くなったのか、というようなことが、道路跡を発掘すれば分かってきます。鞠智城の性格を考えるうえでは、これが一つの大きな要素になるだろう、と思います。また、鞠智城を経由する道路を考えますと、後の『延喜式』の官道、南北に走る官道はまだ無かったはずです。ですから、肥後国府から大宰府に行くためには、鞠智城を経由しなければなりません。そういうことも考えて、熊本県内の古代をぜひ研究していただきたいと思います。その手掛かりが実は鞠智城にあるということ、これが魅力だと申し上げたいと思います。

大田　ありがとうございました。大野城や基肄城と同じでないところが鞠智城の特性であるということでした。また、「車路を調査しなさい」という先輩としての厳しい命令がございました。頑張ります。

大田　佐藤先生、お願いいたします。

佐藤　今の岡田先生と同じお話になってしまうかもしれませんが、コメントさせていただきたいと思います。

鞠智城の性格、そして構造自身、おそらく時代による性格の変化とともに変わっていった面があるのだろうと思います。鞠智城の対外的な関係、あるいは南九州との関係をはじめとして、鞠智城が果たした機能というものは、重層的・複合的であったと思えます。その中のどれが一番重要な機能になったかということになるわけですが、それは時代とともに変遷した可能性があります。こうした推定が確認できるということも、大変面白いと思います。それは、鞠智城が果たした機能の重層性・複合性が、単に鞠智城だけの歴史ではなくて、日本列島の歴史全体と密接に係わっている、と思えるからです。また、律令国家の形成の歴史やその後の歴史とも密接に結びついているということが、鞠智城の機能の重層性や複合性の研究が進めば、さらに明らかになってくるだろう、と思えるからです。

私は先ほどちょっと間違えて、「小型の掘立柱建物の時代から大型の掘立柱建物の時代になって、小型の礎石建物の時代から大型の礎石建物の時代になる」というようなことを申しました。これは間違いで、最初に一番大きな掘立柱建物で、その次が小さな掘立柱建物で、そして小さな礎石建ての建物の時期から大きな礎石建ての建物という変遷が正しいということですね。その中で大田先生からは、ただ大きいからといって構造的に立派であるとは限らない、というお話がありました。

そこで知りたいことがあります。例えば、白村江の戦いの敗戦直後ぐらいにはじめて造られて、文武二（六九八）年に大宰府に全面的に修理させたのは、それぞれどの時期の建物跡に当たるのか、ということです。また、「不動倉《ふどうそう》十一宇火」という、不動倉が一一棟焼けたという天安二（八五八）年の記事が『日本文徳天皇実録《にほんもんとくてんのうじつろく》』にありますね。その焼けたのは、どの時期の倉庫建物なのか、ということも知りたい

図21　鞠智城跡で採集された炭化米

ですね。それぞれの数少ない文献で分かる時期と、考古学的な成果を突き合わせていけば、先ほど私が面白いと思った鞠智城の変遷の中に、建物群の変遷が具体的に位置づけられるだろう、と思います。そうしますと、さらにその歴史像・歴史的意義というものが明らかになっていくのではないのかな、と思います。

それから、私のような日本史、古代史専攻だけではなくて、考古学の先生もおられますし、朝鮮史の先生もおられます。それから今日お話のあった歴史地理学の、古代道路の研究の方もいらっしゃいます。金銅仏の菩薩《ぼさつ》立像《りゅうぞう》が出てくれば、美術史の研究対象でもあります。ということで、総合的な研究対象として鞠智城を位置づけられるのではないでしょうか。私がもし地元の人間であったならば、「鞠智城学」というような言葉で表現するかもしれません。そのように、鞠智城は総合的な研究対象として相応しい古代山城であると言えるのではないかと思っております。

大田　佐藤先生、ちょっと言葉足らずで申し訳ございませんでした。ただ大きいからといって、構造的に立派であるとは限らないと申しましたのは、最後の大型礎石建物を引き合いに出したものでした。第Ⅰ期の大型掘立柱建物は、しっかりした建物だというふうに認識をしております。すみませんでした。

佐藤　はい。

大田　私は、『続日本紀《しょくにほんぎ》』に初めて出てきます修理が大規模な改築である、という認識をずっと持っておりました。けれども、それがどうも修理ということではないのではないか、というようなことも、発掘調査後の資料整理の中で出てきています。佐藤先生からは、いろいろ今後の課題もたくさん頂きましたので、頑張りたいと思います。

それから、最後に濱田先生、笹山先生もお書きになっています、九世紀の新羅との関係とか、海賊関係とかありましたね。それを含めて、先生の鞠智城に対する思いをお願いいたします。

濱田　確かに鞠智城は、大野城・金田《かなた》城・基肄城に比べても、まだ特別史跡になっていないというのはちょっと不思議に思います。基肄城は、まだ十分に調査を踏まえた研究は深化していないと思います。それに比べると、鞠智城の調査の意義は大きいものがあると思います。

佐藤先生、岡田先生のご発表と重なりますが、鞠智城の始まりはやはり百済の白村江の戦い以後の防衛体制だったと思います。この点は、大野城・金田城・基肄城と同じだろうと思います。そして、他の城と決定的に違うのは、二〇〇年間も活用されてきた、という点だろうと思います。生まれは百済式、百済人による大宰府防衛網の中の一環として造られたわけですが、やはり南方勢力のこともあり、あるいは九州の官道との関係もあって律令体制下の地方組織としてこの朝鮮式山城が変化しつつ活用されたのではないでしょうか。鞠智城が二〇〇年間の歴史を持っているというのは、他の山城に引けを取らないというか、それ以上のものだということを教えてくれているように思います。

最後に、私が以前お話しした話題を、ここで披露させていただきたいと思います。「鞠智」というのは、古訓では「くくち」と訓んでいますが、この二文字は百済語音では、おそらく今日の韓国語音と大きく変わらず「KukChi」(クックチ)であったでしょうが、百済人の名に由来する名ではないか、と思っております。これを聞いていた韓国の方が「クックチ」というのは「国の地」「我らの土地」だと、そういう意味だと提案されました。亡命者たちがここへやってきて、そしてここに安住の地を設けたのではないか、ということです。「国の地」、これも直接の発音は、「クックチ(国地)」なのです。しかし、古代において、そういう表現はしないだろうと思います。固有の語音で「ウリタン(我らの地)」や「ウリナラ(我らのくに)」と表現するでしょう。「智」は新羅や百済では人名の末尾に付ける文字です。この件は「クックチ」の由来としてもう少し追求してみたいと考えております。

大田　時間が参りました。笹山先生、岡田先生、佐藤先生、濱田先生、ありがとうございました。また、今日はたくさんの方にご来場いただきましてありがとうございました。これで、鞠智城の知名度も上がったかと思います。今後ともよろしくお願いいたします。

関連資料

古代山城関係史料
鞠智城関係年表
鞠智城関連図版

古代山城関係史料

(一) 古代山城に関する主要な文献史料を年代順に掲載した。
(二) 各項目にはその趣旨を示す綱文と、史料の原文とを載せた。
(三) 史料の原文は、『日本書紀』については日本古典文学大系（岩波書店）、『続日本紀』については新日本古典文学大系（同）、『日本文徳天皇実録』『日本三代実録』『類聚三代格』については新訂増補国史大系（吉川弘文館）にそれぞれ拠った。
(四) 細字・細字双行の箇所は〈　〉で示した。
(五) 句読点・返り点は編者の判断によって付した。

一 対馬・壱岐・筑紫などに防人と烽を置き、筑紫に水城を築く。
（『日本書紀』天智三（六六四）年条）「是歳。於二対馬島・壱岐島・筑紫国等一、置二防与烽一。又於二筑紫一築二大堤一貯レ水。名曰二水城一。」

二 長門に城を築かせ、筑紫に大野城・基肄城を築かせる。
（『日本書紀』天智四（六六五）年条）「秋八月。遣二達率答炑春初一、築二城於長門国一。遣二達率憶礼福留・達率四比福夫於筑紫国一、築二大野及椽二城一。」

三　倭国に高安城、讃岐に屋島城、対馬に金田城を築く。

（『日本書紀』天智六（六六七）年十一月条）「是月。築二倭国高安城・讃吉国山田郡屋島城・対馬国金田城一。」

四　高安城を修理し、田税を収める。

（『日本書紀』天智八（六六九）年八月条）「己酉（三日）。天皇登二高安嶺一。議欲レ修レ城。仍恤二民疲一、止而不レ作。時人感而歎曰。寔乃仁愛之徳、不二亦寛一乎云々。」

（同是冬条）「是冬。修二高安城一、収二畿内之田税一。」

五　壬申の乱。筑紫大宰栗隈王、近江朝廷の発兵命令を拒否。

（『日本書紀』天武元（六七二）年六月条）「（上略）（佐伯連）男、至二筑紫一。時栗隈王、承レ符対曰。筑紫国者、元戍二辺賊之難一也。其峻レ城深レ隍、臨レ海守者、豈為二内賊一耶。今畏レ命而発レ軍、即国空矣。若不意之外、有二倉卒之事一、頓社稷傾之。然後雖二百殺レ臣、何益焉。豈敢背レ徳耶。輒不レ動レ兵者、其是縁也。」

六　壬申の乱。高安城をめぐる攻防。

（『日本書紀』天武元（六七二）年七月条）「是日。坂本臣財等、次二于平石野一。時聞三近江軍在二高安城一而登之。乃近江軍、知二財等来一、以悉焚二税倉一、皆散亡。仍宿二城中一。会明。臨三見西方一、自二大津・丹比両道一、軍衆多至。顕見二旗幟一。有レ人曰。近江将壱伎史韓国之師也。財等自二高安城一降以渡二衛我河一、与二韓国一戦二于河西一。財等衆少不レ能レ距。先レ是、遣二紀臣大音一、令レ守二懼坂道一。於レ是。財等退二懼坂一、而居二大音之営一。（下略）」

七　天武天皇、高安城に行幸。

（『日本書紀』天武四（六七五）年二月条）「丁酉（二十三日）。天皇幸二於高安城一。」

八　石上麻呂らに筑紫の新城を監察させる。

（『日本書紀』持統三（六八九）年九月条）「己丑（十日）。遣二直広参石上朝臣麻呂・直広肆石川朝臣虫名等於筑紫一、給三送位記一、且監二新城一。」

九　持統天皇、高安城に行幸。

（『日本書紀』持統三（六八九）年十月条）「庚申（十一日）。天皇幸二高安城一。」

一〇　大宰府に大野・基肄・鞠智の三城を修理させる。

（『続日本紀』文武二（六九八）年五月条）「甲申（二十五日）。令三大宰府繕二治大野・基肄・鞠智三城一。」

一一　高安城を修理させる。
（『続日本紀』文武二（六九八）年八月条）「丁未（二十日）。修㆓理高安城㆒。〈天智天皇五年築城也。〉」

一二　高安城を修理させる。
（『続日本紀』文武三（六九九）年九月条）「丙寅（十五日）。修㆓理高安城㆒。」

一三　大宰府に三野城・稲積城を修理させる。
（『続日本紀』文武三（六九九）年十二月条）「甲申（四日）。令㆔大宰府修㆓三野・稲積二城㆒。」

一四　高安城を廃止する。
（『続日本紀』大宝元（七〇一）年八月条）「丙寅（二十六日）。廃㆓高安城㆒。其舎屋・雑儲物移㆓貯于大倭・河内二国㆒。」

一五　河内国高安烽を廃し、同国高見烽・大倭国春日烽を置く。
（『続日本紀』和銅五（七一二）年正月条）「壬辰（二十三日）。廃㆓河内国高安烽㆒、始置㆓高見烽及大倭国春日烽㆒。以通㆓平城㆒也。」

一六　元明天皇、高安城に行幸。

（『続日本紀』和銅五（七一二）年八月条）「庚申（二十三日）。行㆓幸高安城㆒。」

一七　備後国の茨城・常城を停める。

（『続日本紀』養老三（七一九）年十二月条）「戊戌（十五日）。停㆓備後国安那郡茨城・葦田郡常城㆒。」

一八　基肄城の稲穀を筑前・筑後・肥等の国に班給するため、大宰府の官人が遣わされる。

（大宰府史跡出土木簡）「為班給筑前・筑後・肥等国遣基肄城稲穀随　大監正六位上田中朝□」（『木簡研究』九号所載）

一九　大宰大弐吉備真備に怡土城を築かせる。

（『続日本紀』天平勝宝八（七五六）歳六月条）「甲辰（二十二日）。始築㆓怡土城㆒。令㆔大宰大弐吉備朝臣真備専㆓当其事㆒焉。」

二〇　大宰府管内の防人を築城に使役することを認める。

（『続日本紀』天平宝字三（七五九）年三月条）「庚寅（二十四日）。大宰府言。府官所㆑見、方有㆓不㆑安者四㆒。（中略）管内防人、一停㆑作㆑城、勤赴㆓武芸㆒、習㆓其戦陳㆒。而大弐吉備朝臣真備論曰。且耕且戦、古人称㆑善。乞五十日教習而十日役㆓于築城㆒。所㆑請雖㆑可㆑行、府僚或不㆑同。不㆑安三也。（中略）勅。（中略）管内防人十日役者、依㆓真備之議㆒。（下略）」

二一　怡土城築造・水城修理の専知官を置く。

（『続日本紀』天平神護元（七六五）年三月条）「辛丑（十日）。（中略）大宰大弐従四位下佐伯宿禰今毛人為下築二怡土城一専知官上、少弐従五位下釆女朝臣浄庭為下修二理水城一専知官上。」

二二　筑前国怡土城成る。

（『続日本紀』神護景雲二（七六八）年二月条）「癸卯（二十八日）。筑前国怡土城成。」

二三　大宰府管内の兵士を廃して選士一七二〇人・衛卒二〇〇人を置き、兵士に代えて衛卒を大野城の修理に当たらせる。

（『類聚三代格』巻十八、天長三（八二六）年十一月三日太政官符）

「太政官符

応下廃二兵士一置中選士衛卒上事

選士一千七百廿人〈分為二四番一。番別役二卅日一。年役惣九十日。〉

府四百人〈先依二官符一置。〉

九国二島一千三百廿人

（中略）

衛卒二百人

右同前奏状偁。此府者九国二島之所二輻輳一。夷民往来、盗賊無レ時。追捕拷掠、可レ有二其備一。加以兵馬廿疋飼丁・草丁、貢上染物所・作紙所・大野城修理等、旧例皆以二兵士一充。今商量。置二此二百人一充二件雑役一、以レ年相替、免二調庸一、及給二粮塩・資丁一、一同二仕丁一。

以前正二位行中納言兼右近衛大将春宮大夫良岑朝臣安世宣。奉レ勅。依レ奏廃置。（中略）

天長三年十一月三日」

二四　肥後国菊池城院の兵庫の鼓鳴動、不動倉に火災。

（『日本文徳天皇実録』天安二（八五八）年閏二月条）「丙辰（二十四日）。肥後国言。菊池城院兵庫鼓自鳴。丁巳（二十五日）。又鳴。」

（同六月条）「己酉（二十日）。（中略）大宰府言。去五月一日、大風暴雨。官舎悉破、青苗朽失。九国二島尽被二損傷一。又肥後国菊池城院兵庫鼓自鳴。同城不動倉十一宇火。」

二五　大野城の器仗を大宰府府庫の器仗に準じて検定させる。

（『類聚三代格』巻十八、貞観十二（八七〇）年五月二日太政官符）

「太政官符

応二交替検定一府庫器仗事

右参議従四位上行大弐藤原朝臣冬緒起請偁。府庫器仗、依二延暦年中官符旨一、永為二不動一。爾後雖三年料修理頗有二其数一、而年代久遠、損壊不レ少。加以、甲冑等時有二盗失一。既為二不動一、未レ得二輙開一。因レ茲、啻加二検封一、不レ得二計知一。望請。使下二権少弐従五位上坂上大宿禰瀧守一殊為二朝使一、依レ旧検定、修中一理損物上者。乃検下太政官延暦十八年十月二日符応二交替分付一条上云。件器仗、宜割二元日威儀料一、安二置別倉一、毎年充用。自余兵為二不動一。但破損物、須二修理一。宜下一任之内、四度料置二一少倉一、限内修了。返納之事、申レ官待中報符上。不レ得下寄二言不動一、致上レ有二破損一者。右大臣宣。奉レ勅、元日威儀料安二置別倉一、毎年充用、自余兵為二不動一等事、一依二先符一。但雖二不動一、理須二附領一。故先符云。不レ得下寄二言不動一、致上レ有二破損一者。而時有二盗失一、未レ得二輙開一。啻加二検封一、無レ由二計知一。可レ謂下先任吏等不レ熟二符旨一之所上レ致也。宜二前後之司交替検定、破損之物随即修理一。又修理年料須二前司修理一之物。後司交替之次、便即検納。新司応レ修之料、細選二無損之物一、同以下充。立為二恒例一、不レ労二言上一。大野城器仗、亦宜レ准レ此。

貞観十二年五月二日」

二六　烏、肥後国菊池郡倉舎の葺草を噬《か》み抜く。

（『日本三代実録』貞観十七（八七五）年六月条）「二十日辛未。大宰府言。大鳥二集二肥後国玉名郡倉上一、向レ西鳴。群烏数百、噬二抜菊池郡倉舎葺草一。」

二七　筑前国大野城衛卒四〇人の粮米を城庫に納めさせる。

（『類聚三代格』巻十八、貞観十八（八七六）年三月十三日太政官符）

「太政官符

応三大野城衛卒粮米依レ旧納二城庫一事〈条々内〉

右参議権帥従三位在原朝臣行平起請偁。被二太政官貞観十二年二月廿三日符一偁。参議従四位上行大弐藤原朝臣冬緒起請偁。除二五使料一之外、庸米幷雑米総納二税庫一、毎レ月下行。若非レ有二判行一輙以下用、監当之官準レ法科レ罪者。官符之旨固有レ宜レ然。但至二于件城一、城辺人居、或屋舎頽毀、或人跡断絶。仍問二城司等一、申云。此城衛卒卌人、粮米毎月廿四斛。元来納二城庫一。爾時城庫辺百姓等、逐二往還之便一、求二売買之利一。従レ納二税庫一以来、人衆無レ到。売買失レ術、百姓逃散、惣而由レ此者。夫守レ城在レ人、聚レ人在レ食。望請。件粮米特納二城庫一者。右大臣宣。奉 レ勅依レ請。

貞観十八年三月十三日」

二八　肥後国菊池郡城院の兵庫の戸、鳴動。

（『日本三代実録』元慶三（八七九）年三月条）「十六日丙午。（中略）又肥後国菊池郡城院兵庫戸、自鳴。」

鞠智城関係年表

（一）本年表は六世紀から十世紀初頭まで、鞠智城など古代山城に関する事項を中心に、古代西海道の軍事や東アジアの情勢に関する事項について作成した。

（二）史料名については略称を用いた。主な史料の略称は、以下の通りである。
紀（『日本書紀』） 続紀（『続日本紀』） 後紀（『日本後紀』） 続後紀（『続日本後紀』） 文実（『日本文徳天皇実録』） 三実（『日本三代実録』） 類史（『類聚国史』） 紀略（『日本紀略』） 略記（『扶桑略記』） 三代格（『類聚三代格』） 東征伝（『唐大和上東征伝』）

年代		事項
五二七	継体二一	磐井の乱が起きる。筑紫国造磐井、新羅と通じ、任那に赴こうとする近江毛野臣の軍を筑・火・豊三国に拠って阻止する（紀）。
五二八	継体二二	磐井の乱が鎮圧される。磐井の子葛子、糟屋屯倉を朝廷に献る（紀）。
五三五	安閑　二	五月　諸国に屯倉を置く。火国に春日部屯倉を設置（紀）。
五三六	宣化　元	五月　官家を那津に建て、筑紫・肥・豊三国の屯倉の稲穀を集める（紀）。
五五六	欽明一七	百済王子恵の帰国にあたり、筑紫国の軍船に護衛させる。筑紫火君に勇士一〇〇〇人を率いて

		弥氏に送らせる（紀）。
五八三	敏達一二	火葦北国造の子日羅、任那復興のため百済より帰国。後に百済使に暗殺される（紀）。
五八七	用明　二	七月　蘇我馬子ら、物部守屋を滅ぼす（紀）。
五九一	崇峻　四	十一月　紀男麻呂らを大将軍とし、二万余の軍を筑紫に進める（紀）。
六〇〇	推古　八	境部臣を大将軍とし、万余の兵を率い新羅を撃たせる（紀）。
六〇二	推古一〇	二月　来目皇子を将軍とし、二万五〇〇〇の軍を率い新羅を撃たせる。六月　皇子の病により征討を果たさず（紀）。
六〇三	推古一一	当麻皇子を将軍として新羅を撃たせるも、妻の死により目的を果たさず（紀）。
六〇七	推古一五	七月　小野妹子らを隋に遣わす（紀）。
六〇八	推古一六	四月　妹子、隋使裴世清とともに帰国（紀）。
六〇九	推古一七	四月　百済僧道欣ら八五人、肥後国葦北津に漂着（紀）。
六一八	推古二六	隋滅び、唐起こる。
六三〇	舒明　二	八月　犬上御田鍬らを唐に遣わす（紀）。
六三二	舒明　四	八月　犬上御田鍬ら帰朝。唐使高表仁来日（紀・新唐書）。
六四五	皇極　四	六月　中大兄皇子・中臣鎌足ら、蘇我蝦夷・入鹿を倒し政権を握る（紀）。
六四六	大化　二	正月　改新の詔を発する（紀）。
六五三	白雉　四	五月　吉士長丹・高田根麻呂らを唐に遣わす（紀）。
六五四	白雉　五	二月　高向玄理らを唐に遣わす（紀）。
六六〇	斉明　六	七月　唐、百済を滅ぼす（三国史記）。十月　朝廷、百済遺臣の救援を決定（紀）。
六六一	斉明　七	正月　天皇、難波を発つ（紀）。三月　娜大津（博多）に着く（紀）。七月　天皇、朝倉宮に没（紀）。

年代		事項
六六二	天智 元	五月 大将軍安曇比羅夫ら、船師一七〇余隻を率い渡海（紀）。
六六三	天智 二	三月 将軍上毛野稚子ら、兵二万七〇〇〇人を率い新羅を撃つ（紀）。八月 倭軍白村江で唐軍と戦い、大敗（紀・唐書・新唐書・三国史記）。九月 倭軍本国に退く（紀）。
六六四	天智 三	対馬・壱岐・筑紫等に防人と烽を置き、筑紫に水城を築く（紀）。
六六五	天智 四	八月 百済人の答㶱春初を遣わして長門に城を築かせ、憶礼福留・四比福夫を筑紫に遣わして大野城・基肄城を築かせる（紀）。
六六七	天智 六	三月 近江の大津に遷都（紀）。十一月 倭国に高安城、讃吉（讃岐）に屋島城、対馬に金田城を築く（紀）。
六六八	天智 七	九月 唐、高句麗を滅ぼす（紀・唐書・新唐書・三国史記）。
六六九	天智 八	この冬 高安城を修理し、田税を収める（紀）。
六七一	天智一〇	十一月 唐の使人郭務悰、二〇〇〇人を船四七隻に乗せ、対馬に到る（紀）。
六七二	天武 元	五月 郭務悰帰国（紀）。六月 壬申の乱。大海人皇子（天武）、吉野に蜂起。筑紫大宰栗隈王、近江朝廷の発兵命令を拒否（紀）。七月 近江朝廷滅ぶ（紀）。
六七三	天武 二	二月 天皇、飛鳥浄御原宮に即位（紀）。
六七五	天武 四	二月 天皇、高安城に行幸（紀）。
六七九	天武 八	十一月 難波に羅城を築く（紀）。
六八一	天武一〇	八月 使人、多禰国の図を貢上（紀）。
六八二	天武一一	七月 大隅・阿多の隼人、来朝し方物を貢上。多禰・掖玖・阿摩弥の人に禄を賜う（紀）。
六八五	天武一四	十二月 海中で衣服を失った防人のために衣四五八端を筑紫に送る（紀）。
六八六	朱鳥 元	九月 天武天皇没。大隅・阿多の隼人、殯宮に誄を奉る（紀）。

六八九	持統　三	二月　期に満ちた筑紫の防人を交替させる（紀）。九月　石上麻呂らを筑紫に遣わし、新城を監察させる（紀）。十月　天皇、高安城に行幸（紀）。
六九四	持統　八	十二月　藤原京に遷都（紀）。
六九五	持統　九	三月　文博勢らに多禰を視察させる（紀）。
六九八	文武　二	四月　文博士らに南島を探索させる（続紀）。五月　大宰府に大野・基肄・鞠智の三城を修理させる（続紀）。八月　高安城を修理させる（同）。
六九九	文武　三	七月　多褹・夜久・奄美・度感等の人来朝（紀）。九月　高安城を修理させる（続紀）。十二月大宰府に三野城・稲積城を修理させる（同）。
七〇〇	文武　四	六月　覓国使を脅迫した薩摩・大隅の隼人の指導者を処罰（続紀）。
七〇一	大宝　元	三月　大宝律令を制定（続紀）。八月　高安城を廃止（同）。
七〇二	大宝　二	六月　遣唐使粟田真人ら、唐に渡る（続紀）。八月　薩摩・多褹を征討（同）。十月　唱更国（薩摩国）内に柵を置き兵に守らせる（同）。
七〇七	慶雲　四	七月　南島の人に叙位・賜物（続紀）。
七〇九	和銅　二	十月　薩摩の隼人入朝。騎兵を徴発し威儀に備える（続紀）。
七一〇	和銅　三	正月　日向国に采女、薩摩国に舎人を貢上させる（続紀）。日向隼人曾細麻呂に叙位（同）。三月　平城京に遷都（同）。
七一二	和銅　五	正月　河内国高安烽を廃し、同国高見烽・大倭国春日烽を置く（続紀）。八月　高安城に行幸（同）。
七一三	和銅　六	四月　大隅国を置く（続紀）。五月　諸国に『風土記』の撰進を命じる（同）。七月　隼人を征討した将軍・士卒に授勲（同）。
七一四	和銅　七	三月　豊前国の民二〇〇戸を移し隼人を教導させる（続紀）。十二月　南島の奄美・信覚・球

年代		事項
		美などの人来着（同）。
七一六	霊亀　二	五月　薩摩国・大隅国貢上の隼人を六年ごとの交替とする（続紀）。
七一七	養老　元	十月　遣唐使、唐に朝貢（冊府元亀）。
七一八	養老　二	四月　道首名没。和銅末年に筑後守となり、肥後守を兼任。味生池を築く（続紀）。
七一九	養老　三	十二月　備後国の茨城・常城を停める（続紀）。
七二〇	養老　四	二月　隼人反乱、大隅国守陽侯麻呂を殺す（続紀）。三月　大伴旅人を征隼人持節大将軍に任命（同）。八月　大伴旅人を帰京させる（同）。藤原不比等没（同）。十一月　南島の人二三二人に授位（同）。
七二一	養老　五	七月　征隼人副将軍ら帰還し戦果を報告（続紀）。
七二三	養老　七	五月　大隅・薩摩二国の隼人ら六二四人が朝貢（続紀）。
七二七	神亀　四	八月　渤海使出羽国に来着（続紀）。十一月　南島の人一三二人来朝（同）。
七二九	天平　元	二月　長屋王の変（続紀）。
七三〇	天平　二	三月　大隅・薩摩国の班田を行わず、墾田のままとする（続紀）。九月　諸国の防人を停める（同）。
七三一	天平　三	四月　日本国の兵船三〇〇艘、新羅の東辺を襲う（三国史記）。十一月　畿内に惣管、諸道に鎮撫使を置く（続紀）。
七三二	天平　四	八月　諸道に節度使を置き防備を強化（続紀）。この年　渤海、唐の登州を襲う（唐書）。
七三三	天平　五	四月　遣唐使、難波を発つ（続紀）。
七三五	天平　七	二月　国号を王城国と改めるにより、新羅使を帰国させる（続紀）。八月　大宰府管内に疫病流行（同）。

七三七	天平　九	二月　遣新羅使、新羅の無礼を報告。官人に意見を問う（続紀）。九月　筑紫の防人を停め、筑紫の人に壱岐・対馬を守らせる（同）。この年　疫病により死者多数（同）。
七三九	天平一一	五月　諸国の兵の徴集を停める（三代格）。
七四〇	天平一二	九月　藤原広嗣の乱起こる。東海・東山・山陰・山陽・南海五道の兵一万七〇〇〇人を徴発し九州に赴かせる（続紀）。十月　板櫃川の戦い。広嗣敗走し斬殺される（同）。
七四一	天平一三	二月　国分寺造営の詔を発する（続紀）。
七四二	天平一四	正月　大宰府を廃止する（続紀）。十月　新羅、日本国使を追却（三国史記）。
七四三	天平一五	四月　常例を失するにより新羅使を帰国させる（続紀）。五月　墾田永年私財法を発する（同）。十月　聖武天皇、盧舎那仏の造立を発願（同）。十二月　筑紫に鎮西府を置く（同）。
七四五	天平一七	六月　大宰府を再び置く（続紀）。十一月　玄昉を筑紫観世音寺の造営に遣わす（同）。
七四六	天平一八	十二月　兵士の徴発を復活（続紀）。
七五二	天平勝宝四	閏三月　新羅王子金泰廉ら七〇〇余人来日（続紀）。四月　東大寺盧舎那仏開眼（同）。
七五三	天平勝宝五	八月　新羅王、日本の遣新羅使を謁見せず（三国史記）。十二月　鑑真、遣唐使と共に薩摩国に着く（東征伝）。
七五六	天平勝宝八	六月　大宰大弐吉備真備に怡土城を築かせる（続紀）。
七五七	天平宝字元	七月　橘奈良麻呂の変（続紀）。閏八月　大宰府の防人に坂東の兵士を充てるのを停める（同）。
七五八	天平宝字二	十二月　遣渤海使、安禄山の乱など唐の情勢を報告。大宰府に対策を命じる（続紀）。
七五九	天平宝字三	三月　大宰府に船の建造、防人の築城への使役を認める（続紀）。六月　新羅征討のため大宰府に行軍式を造らせる（同）。九月　新羅征討のため諸国に船五〇〇艘を造らせる（同）。
七六一	天平宝字五	十一月　節度使を任命。船・兵士・子弟・水手の動員計画を立てる（続紀）。

年代		事項
七六三	天平宝字七	正月　渤海使、唐の情勢を伝える（続紀）。
七六四	天平宝字八	七月　新羅使、博多に来着（続紀）。九月　藤原恵美押勝の乱。押勝敗死（同）。十一月　西海道の節度使を停止（同）。
七六五	天平神護元	三月　怡土城築城・水城修理の専知官を置く（続紀）。
七六六	天平神護二	四月　大宰府、東国防人の復活を請う（続紀）。
七六八	神護景雲二	二月　筑前国怡土城成る（続紀）。
七八〇	宝亀一一	四月　新羅金志貞、王宮を囲み、恵恭王を殺す（三国史記）。七月　沿海諸国に警固の強化を命じる（続紀）。
七八四	延暦　三	十月　長岡京に遷都（続紀）。
七九〇	延暦　九	二月　肥後国浄水寺が創建される（浄水寺南大門碑）。八月　大宰府管内の飢民八万八〇〇〇余人に賑恤（続紀）。
七九二	延暦一一	六月　陸奥・出羽・佐渡・大宰府管内以外の兵士を廃し、健児を置く（三代格）。
七九四	延暦一三	十月　平安京に遷都（紀略）。
七九五	延暦一四	九月　肥後国を大国とする（後紀）。十一月　防人を廃し兵士を辺戍に充てる（三代格）。
七九九	延暦一八	四月　大宰府管内を除き烽を停廃（三代格）。
八〇一	延暦二〇	六月　大宰府の隼人貢進を停止（類史）。
八一一	弘仁　二	閏十二月　新羅船二〇余艘、対馬を窺う（紀略）。
八一三	弘仁　四	三月　新羅人一一〇人、肥前国値賀島に来着し交戦（後紀）。八月　筑前・筑後・豊前・豊後・肥前・肥後六国の兵士を一万七一〇〇人から九〇〇〇人に減定。肥後国は軍団四、兵士は四〇〇〇人から二〇〇〇人に（三代格）。

八一五	弘仁　六	八月　新羅西辺の州郡に大飢饉。盗賊蜂起（三国史記）。
八一六	弘仁　七	この年　新羅の飢民、唐の浙東に至り食を求める（唐会要）。
八二六	天長　三	十一月　大宰府管内の兵士を廃し、選士一七二〇人・衛卒二〇〇人を置く。兵士に代えて衛卒に大野城の修理を担当させる（三代格）。
八二八	天長　五	四月　新羅、張弓福を清海鎮大使とする（三国史記・新唐書）。
八三九	承和　六	八月　新羅、張弓福を鎮海将軍とする（三国史記）。
八四〇	承和　七	十二月　新羅の張宝高（張弓福）の使者、大宰府に来たり方物を献じる（続後紀）。
八四一	承和　八	十一月　張弓福、殺害される（新唐書・三国史記）。
八四九	嘉祥　二	八月　唐商五三人、貨物とともに大宰府に着く（続後紀）。
八五一	仁寿　元	二月　新羅、清海鎮を廃する（三国史記）。
八五八	天安　二	閏二月二十四日　肥後国菊池城院の兵庫の鼓、おのずから鳴る（文実）。二十五日　また鳴る（同）。五月　菊池城の不動倉一一宇に火（同）。
八五九	貞観　元	五月　肥後国合志郡を割き、山本郡を置く（三実）。
八六二	貞観　四	七月　唐商李延孝ら四三人、大宰府に来着（三実）。
八六四	貞観　六	十一月　肥後国大宅牧を停める（三実）。
八六九	貞観一一	五月　新羅海賊博多に来襲、豊前国の貢納物を奪う（三実）。七月　肥後国に大風雨（同）。
八七〇	貞観一二	六月　筑前などの諸国の警備を強化させる（三実）。
八七三	貞観一五	七月　渤海使、肥後国天草郡に漂着（三実）。
八七五	貞観一七	六月　烏数百羽、菊池郡倉舎の葺草を噬み抜く（三実）。
八七六	貞観一八	三月　大野城衛卒四〇人の粮米を城庫に納めさせる（三代格）。
八七九	元慶　三	三月　肥後国菊池郡城院の兵庫の戸、おのずから鳴る（三実）。

年代		事項
八八〇	元慶　四	十一月　唐、黄巣反乱し長安城を陥れる。僖宗、難を成都に避ける（唐書）。
八八四	元慶　八	五月　黄巣、朱全忠らの軍に敗れる（唐書）。
八八五	仁和　元	四月　新羅国の徐善行・高興善ら四八人、肥後国天草郡に来着（三実）。
八九三	寛平　五	五月　新羅の賊、肥前国松浦郡に襲来（紀略）。閏五月　同、肥後国飽田郡を襲い民家を焼く（同）。
八九四	寛平　六	四月　新羅の賊、対馬島を襲う（紀略）。八月　対馬島に防人を再置（三代格）。九月　新羅の賊四五艘、対馬に襲来。島守文室善友、島人を率い防戦、二〇〇余人を殺し撃退（略記・紀略）。出雲・隠岐等の国に烽燧を再置（三代格）。菅原道真の建言により遣唐使を停止（紀略・菅家文草）。
八九五	寛平　七	三月　博多警固所に夷俘五〇人を加置し一〇〇人とする（三代格）。
八九九	昌泰　二	四月　肥後国の史生一員を停め弩師を置く（三代格）。
九〇四	延喜　四	八月　朱全忠、昭宗を殺す（唐書）。
九〇七	延喜　七	四月　朱全忠、哀帝から禅譲を受け後梁を建国。唐滅亡（唐書）。
九一八	延喜一八	六月　王建即位し、国を高麗と号する（高麗史）。

鞠智城関連図版

関連図版１　長者原《ちょうじゃばる》地区の建物跡群

礎石《そせき》建物跡や掘立柱《ほったてばしら》建物跡など66棟の建物跡が検出された(上原《うえばる》地区からは６棟)。熊本県では，平成６(1994)年度からの整備により，八角形鼓楼《ころう》・米倉・兵舎・板倉を復元した。

長者原地区全景(平成９〈1997〉年撮影)

長者原12～14区(平成３〈1991〉年撮影)

関連図版 2　八角形建物跡(30・31号建物跡，32・33号建物跡)

約50m の間隔で南北に並んで検出された。国内の古代山城では初めての検出例。心柱《しんばしら》を軸にして回る掘形の配列は，北側(30・31号建物跡)が二重，南側(32・33号建物跡，口絵 3 下)が三重となる。心柱の深さから，北側は堂，南側は鼓楼(口絵 3 上)と推定される。平成 3 (1991)年度の発見当初は，道教《どうきょう》思想に関連して，南側が天壇《てんだん》，北側が地《ち》壇《だん》との見方もあった。

北側の八角建物跡(平成 3 年撮影)

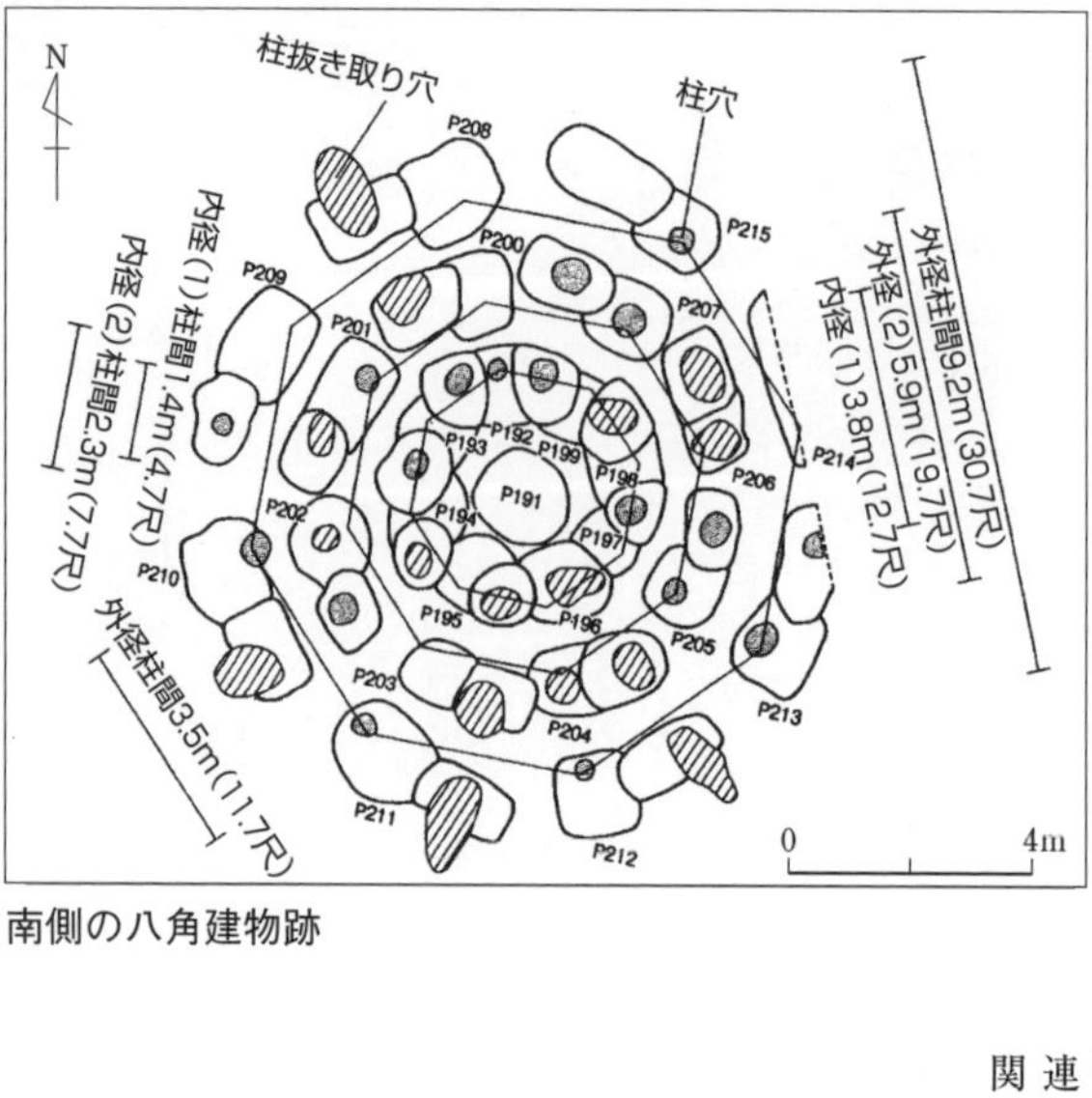

南側の八角建物跡

関連図版３　長者原地区の大型掘立柱建物跡

中柱の無い側柱《がわばしら》だけの大型建物。60号建物跡は，梁行《はりゆき》３間・桁行《けたゆき》８間で，7.2×21.6m。61号建物跡と並行して設置されていた。また，62号建物跡と63号建物跡のようにコの字に配置されたものもある。これらは，管理棟的建物と推定される。この他，カマボコ型の兵舎と考えられる16〜18号建物跡も同じ構造の建物。復元した16号（口絵５）は，梁行３間・桁行10間で，7.8×26.6m の大きさ。

60号建物跡（平成９〈1997〉年撮影）

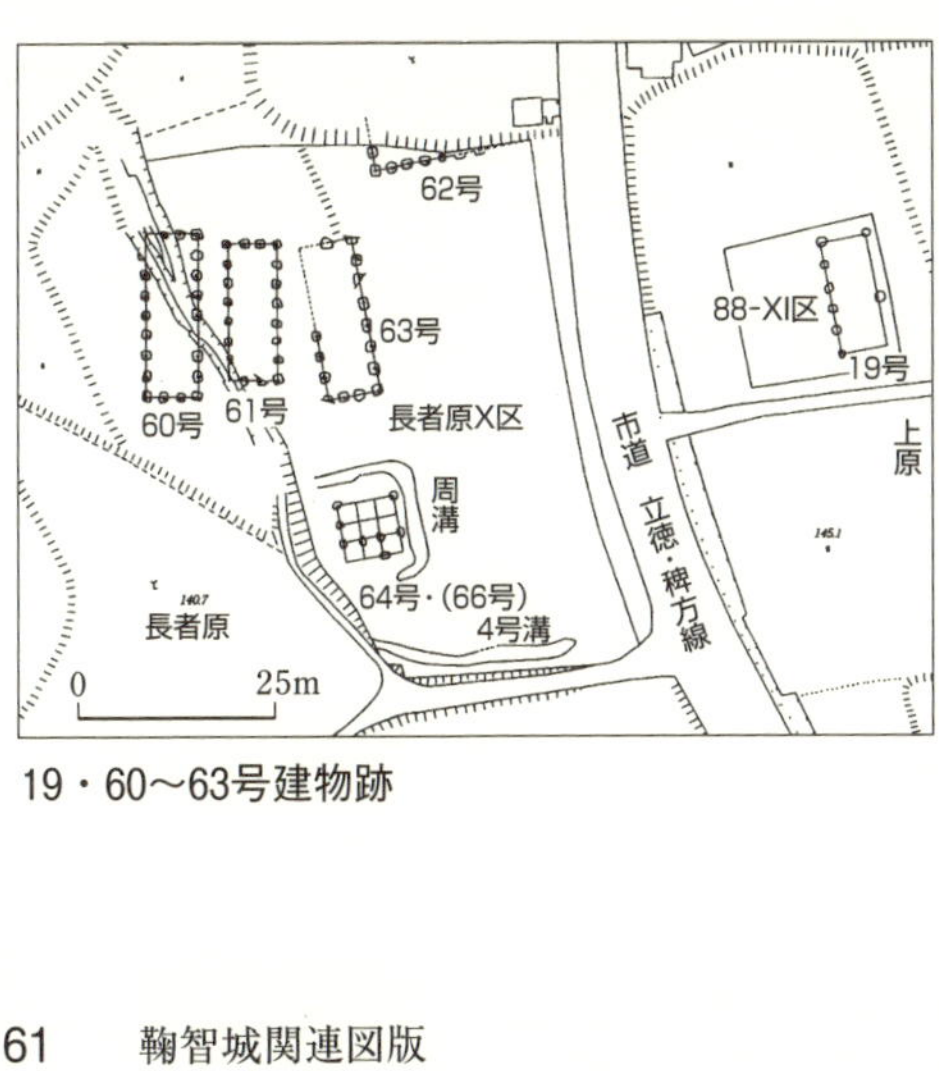

19・60〜63号建物跡

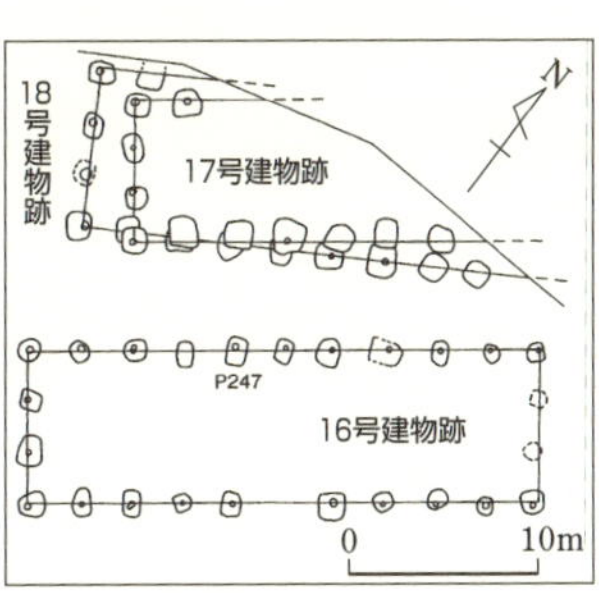

16〜18号建物跡

関連図版 4　長者原地区の礎石建物跡(56号建物跡)

長者原地区では，25棟の礎石建物跡が検出されている。すべて総柱の建物で，八角形建物跡 1 棟，掘立柱の側柱(庇)が巡る，ほぼ方形の大型礎石総柱建物跡 2 棟が含まれている。写真は56号建物跡。梁行 3 間・桁行 6 間で，8.0×14.2m の総柱建物。築造前に整地作業が行われている事が判明した。

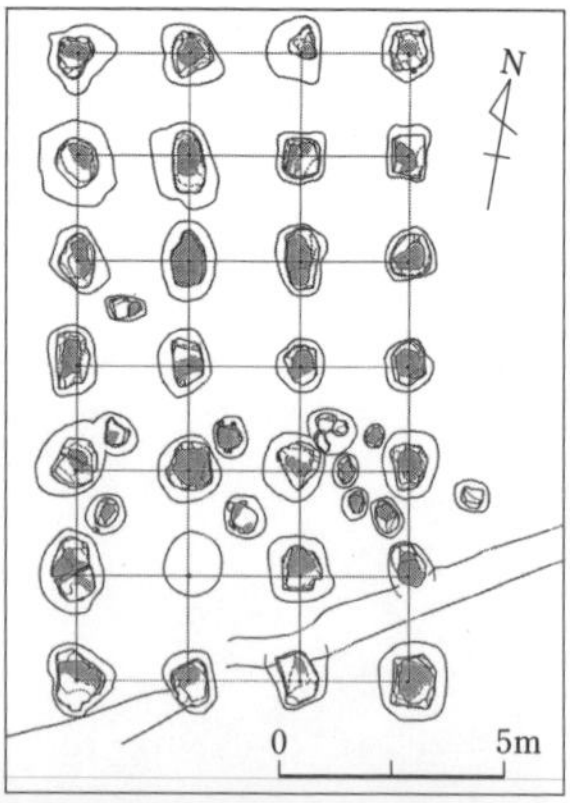

56号建物跡

56号建物跡(東から。桁行 6 間。平成 8〈1996〉年撮影)

56号建物跡(北から。梁行 3 間。平成 8 年撮影)

関連図版 5　宮野《みやの》礎石群(49号建物跡)

「長者原礎石群」(50号建物跡)や「長者山礎石群」(45〜48号建物跡)とともに，古くから知られた礎石群。昭和43(1968)年3月に初めて存在が確認され，地名を冠してこのように呼ばれた。昭和45(1970)年2〜3月に露出と実測が行われ，その後昭和55(1980)年度に全面的に発掘調査が行われた。その成果を受けて，昭和56(1981)年11月11日付で県史跡に追加指定。梁行3間・桁行9間で，7.2×21.6mの長倉形式の建物跡。鞠智城跡の整備に当たっては，唯一，実物展示として礎石を露呈させている。

発掘調査時(昭和55年撮影)

整備状況(実物展示)

関連図版6　池《いけ》ノ《の》尾《お》門跡《もんあと》

南側土塁《どるい》線と北東尾根に挟まれた谷部のくびれ部に位置する。幅20mの最狭部を塞ぐために，石塁と門が造られた。この門は，鞠智城の西方，椎持《しいもち》往還に繋がっている。1個の軸摺り穴を持つ岩石状の門礎石が現存。

発掘調査時（東側から。平成18〈2006〉年撮影）

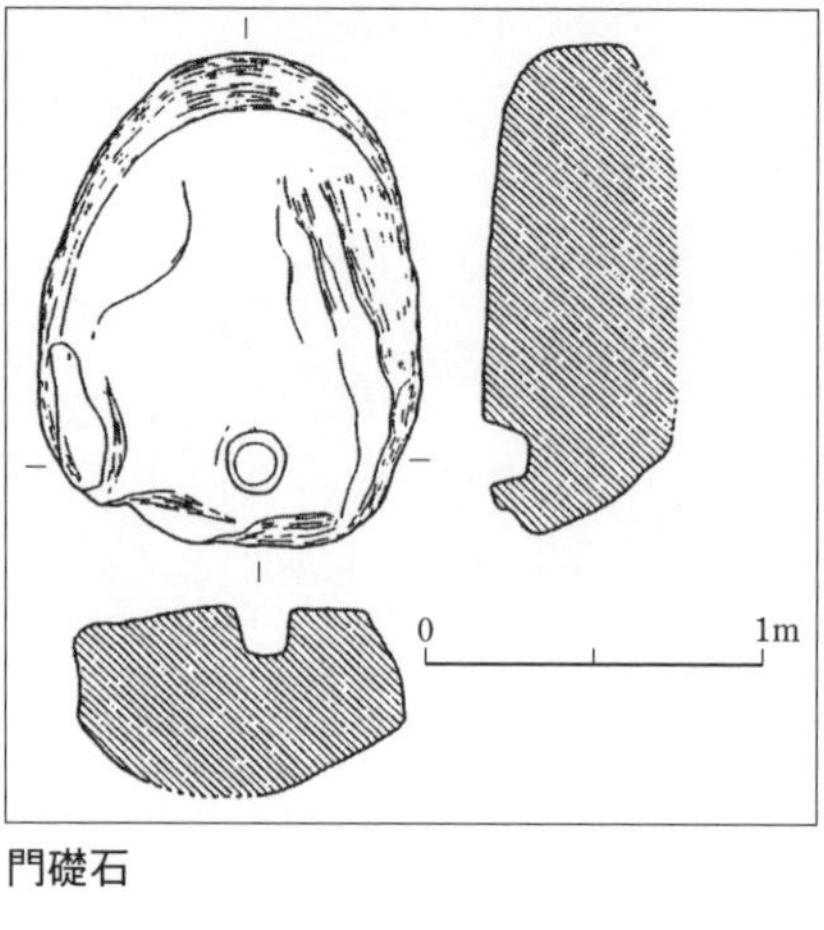

門礎石

関連図版7　池ノ尾門跡の通水施設

石塁は基底部幅9.6mで，弓なりの形をした石積みだったと想定される。城内の雨水等を城外に排水する施設である通水溝(暗渠《あんきょ》排水)が敷設されていた。その総延長は16m以上。現状で7石の蓋石が原位置を保っている。取水口の前面からは，導水溝も検出された。

通水溝(蓋石の列。平成18〈2006〉年撮影)

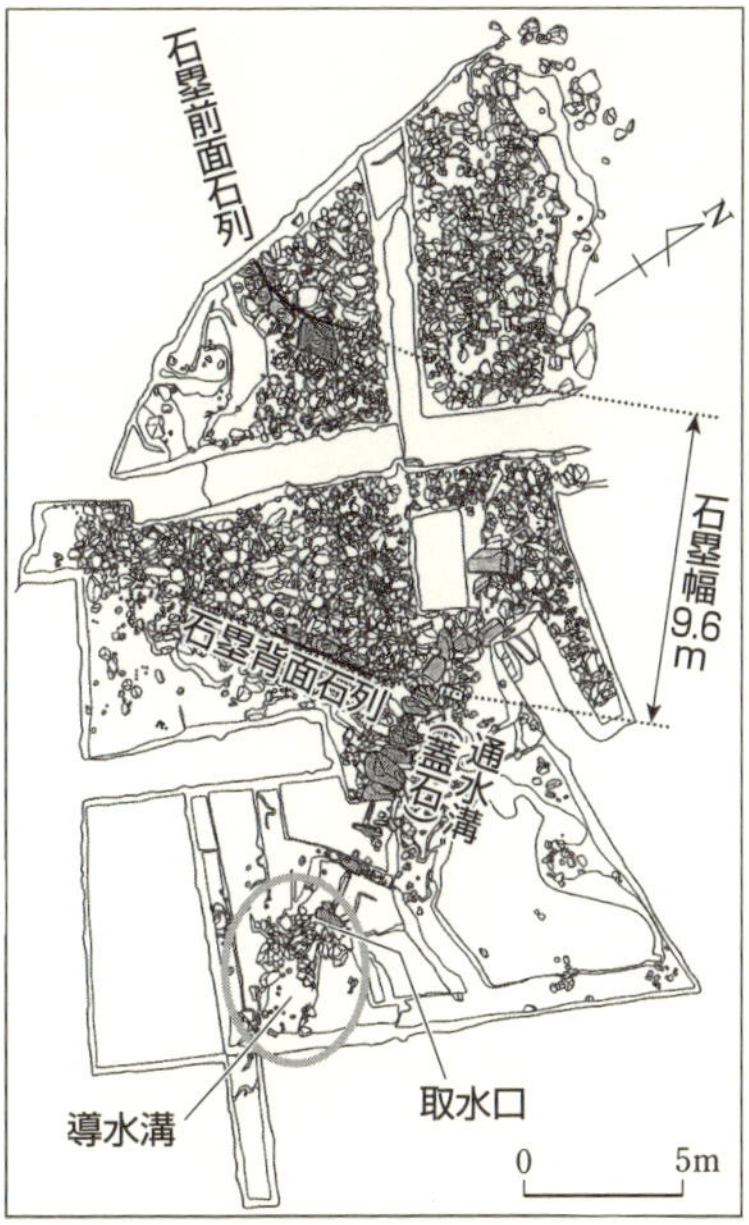

取水口

取水口と導水溝

関連図版8　堀切《ほりきり》門跡

鞠智城跡の南側にあり，正門と推定される。丘陵斜面を刻む浅谷に位置する。凝《ぎょう》灰岩《かいがん》の地山から支柱が検出され，２脚の門構造が推定されている。その掘形は方形で，柱痕跡は直径40cm。２段構造の城壁で，登城道も検出された。その傾斜角は20度で，城壁下位で屈曲する鉤形の登城道であった。門礎石に，２個の軸摺《じくず》り穴を持つことを特徴とする。

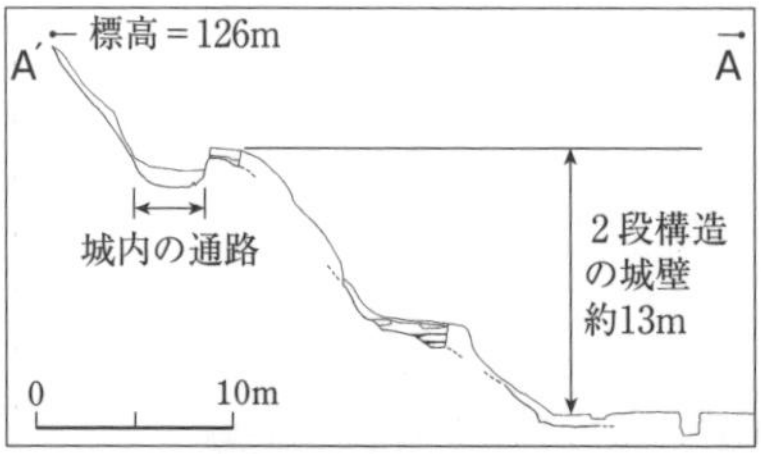

4 トレンチ断面図

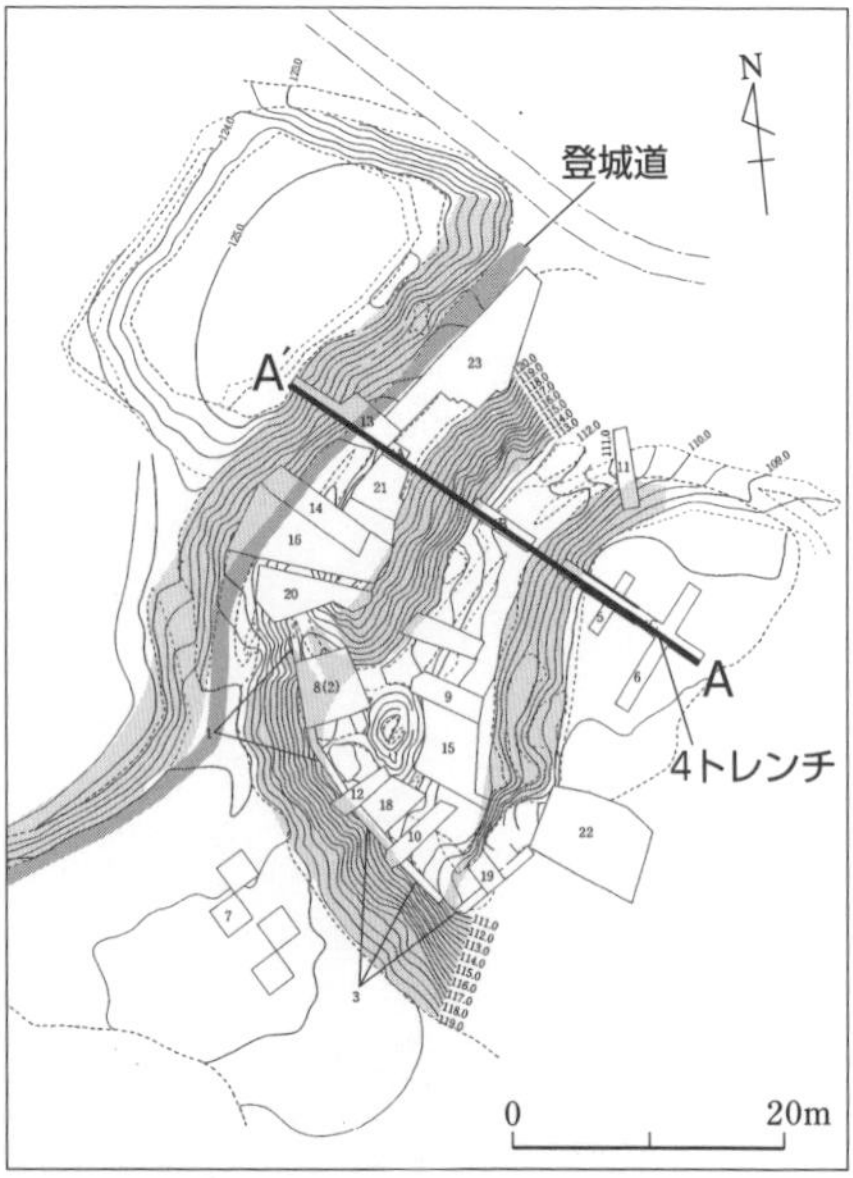

堀切門の道路跡（平成11〈1999〉年撮影）

関連図版 9　深迫《ふかさこ》門跡

鞠智城跡の南東部分にある。丘陵斜面に開口した浅谷に位置する。１個の軸摺り穴を持つ門礎石は，古くから「長者さんの的石」として知られていた。門礎石の原位置は確定していない。登城道は敷石を伴っている。

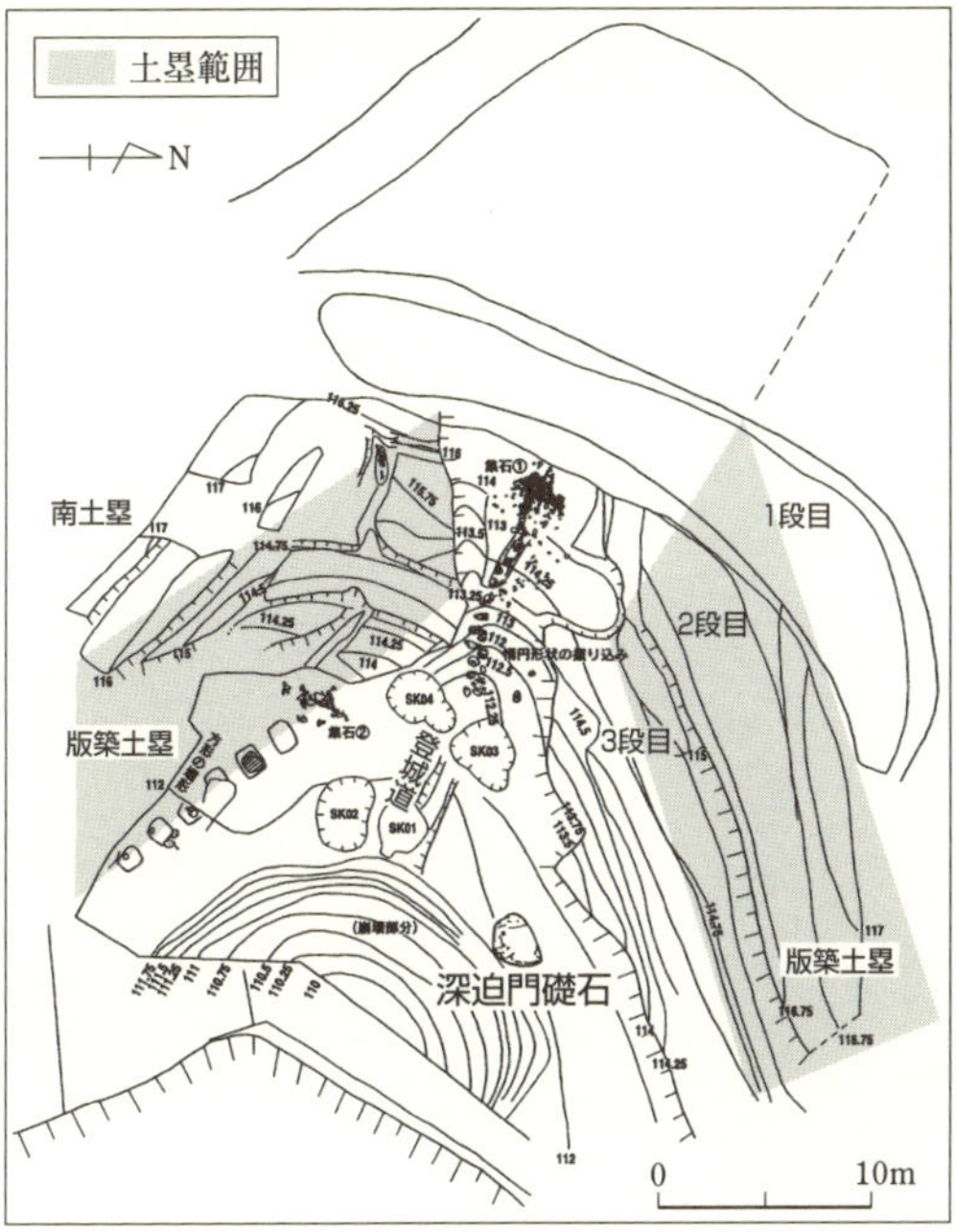

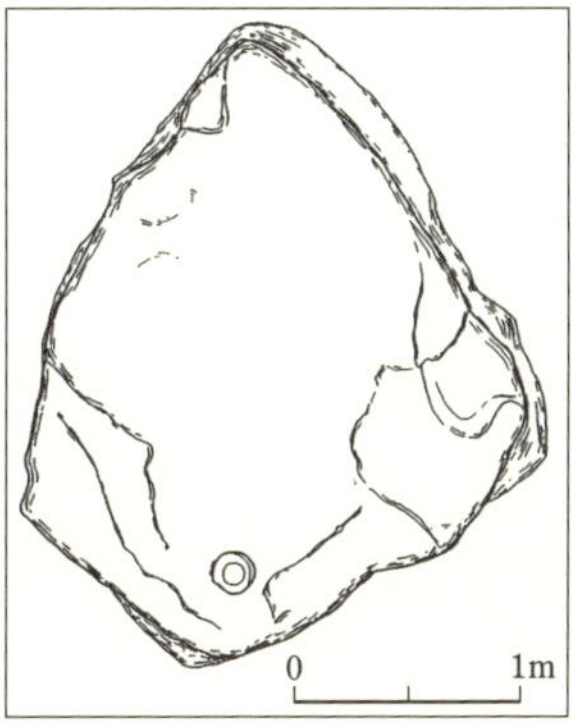

門礎石

深迫門の版築土塁（南東側から。平成 6〈1994〉年撮影）

関連図版10　西側土塁線

灰塚から北へ延びる尾根筋上の土塁線。北端部の「左官《さかん》どん」周辺で，版築《はんちく》土塁を検出した。地山を鉤状に削り出して盛土する内托《ないたく》式のものである。土塁の頂部と裾部から，柱穴列も検出された。版築の支柱穴であろう。

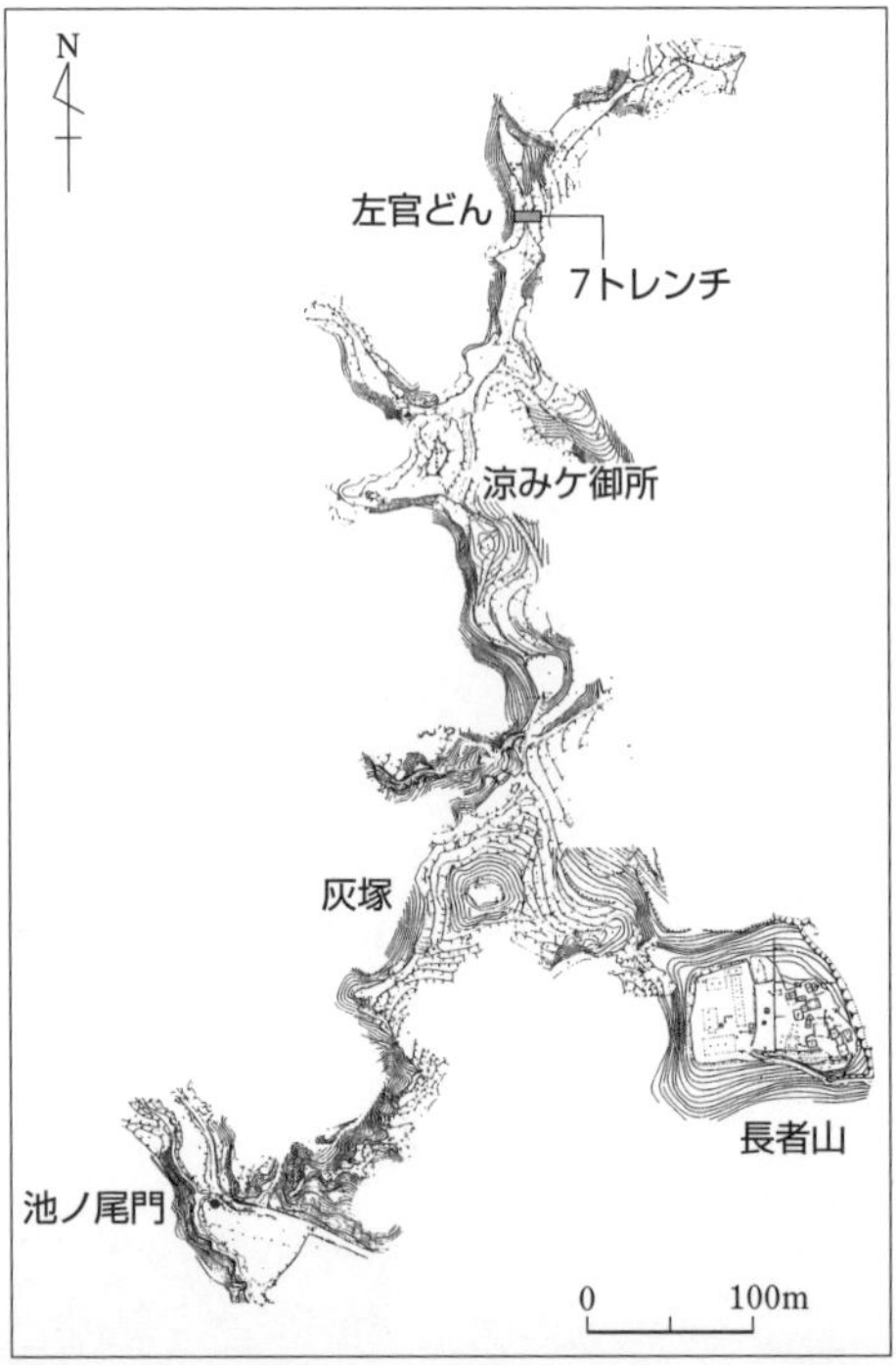

7トレンチ盛土築状況

7トレンチ土塁裾の柱列

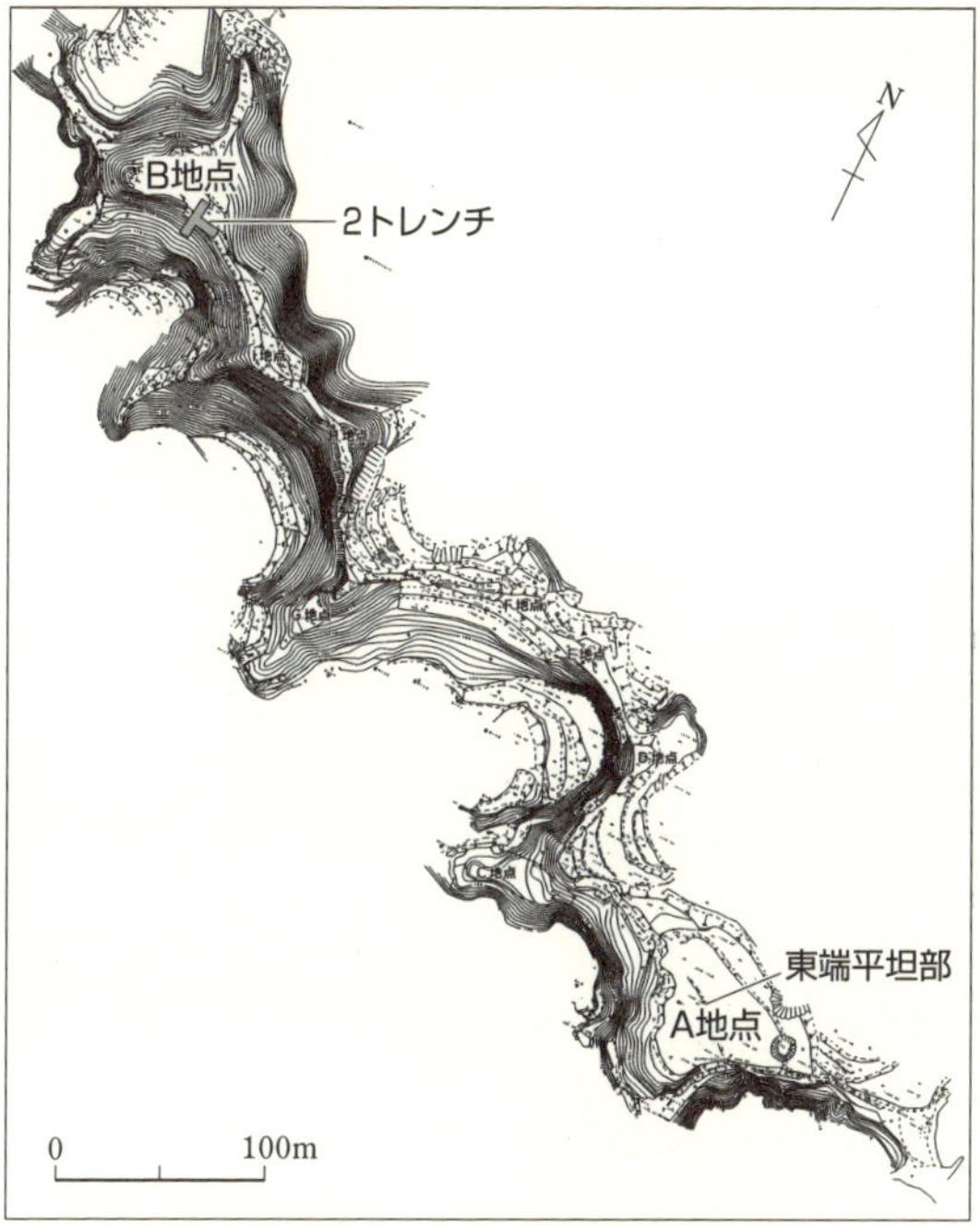

関連図版11　南側土塁線

堀切門跡から東西方向に延びる痩《や》せ馬地形上の土塁線。粘質土を交互に盛った二段築成の土塁が検出されている。版築が施される箇所においては，地山を階段状に削り出し，その上部に版築土塁が構築される。土塁裾部には，土留めとして割り石6石が列状に置かれていた。この土塁の確認で南側土塁線すべてに土塁が築かれていた可能性があり，崖による防衛線と解釈されていた予測を覆す，画期的な発見となった。

B 地点（平成13〈2001〉年撮影）

A 地点版築検出状況（平成19〈2007〉年撮影）

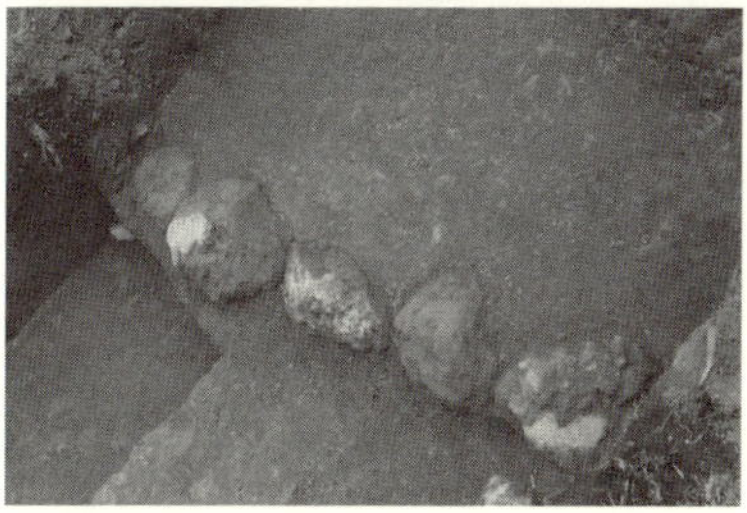
2 トレンチ石列（平成13〈2001〉年撮影）

関連図版12　貯水池跡

長者原地区の北谷から検出された。総面積5300m^2で，青灰色粘土層の面的な広がりが遺構発見の契機になった。水の確保は，主として自然湧水による。各所に間仕切りを設けて貯水量を調節していたことが推測される。

貯水池全体写真(平成19〈1997〉年撮影)

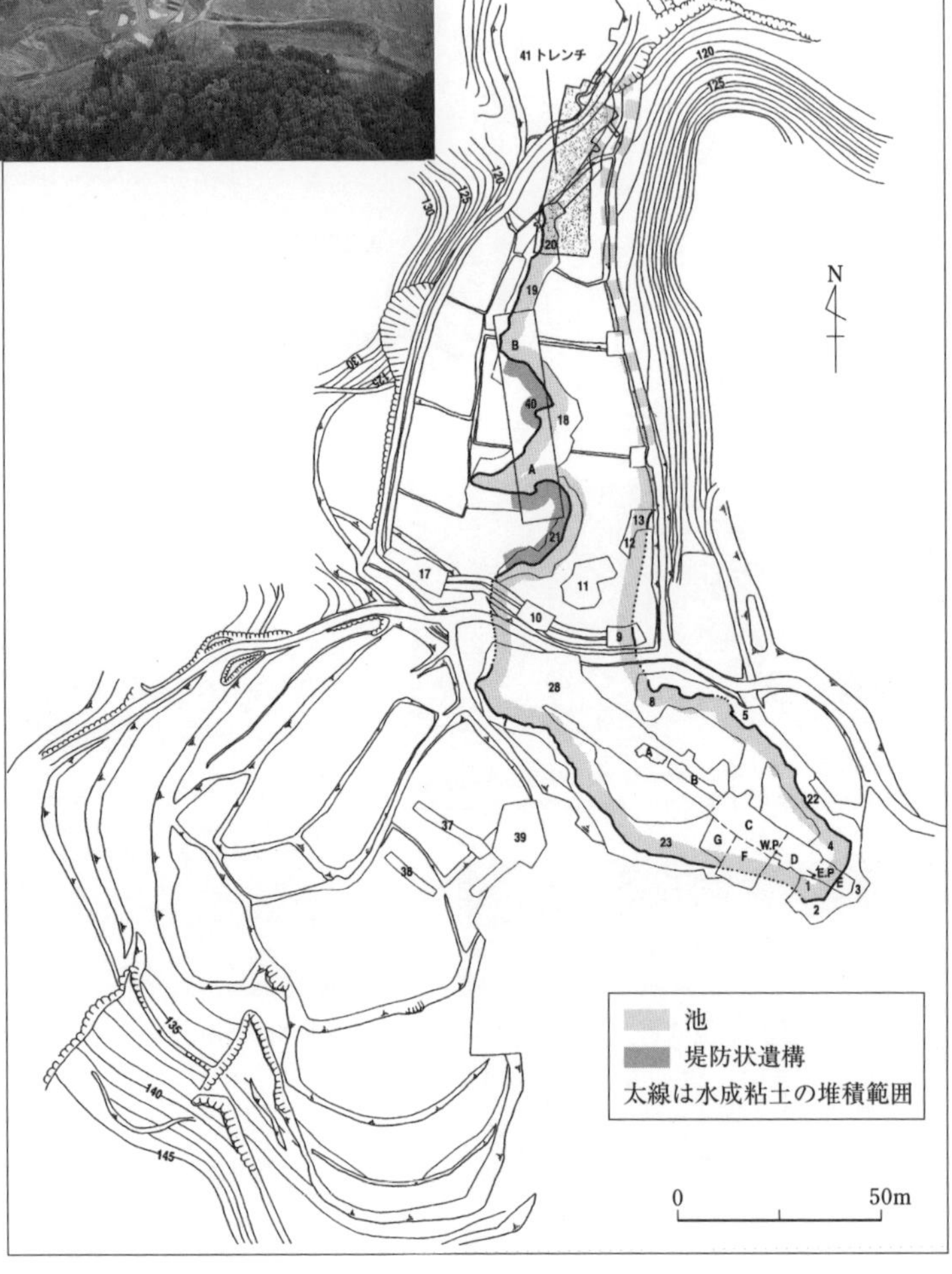

関連図版13　貯水池跡・貯木場跡

建築材などを水浸けにした貯木場が検出された。堤防状遺構を境に，水汲み場を置くなど，多用途の使用が指摘されている。

貯木場検出状況

木舞・平瓶出土状況(平成10〈1998〉年撮影)

写真所蔵・提供者一覧(敬称略，五十音順)

九州歴史資料館　　p. 19上，21，77右
宮内庁正倉院事務所　　p. 71
『国立歴史民俗博物館研究報告　第79集』国立歴史民俗博物館　　p. 23左
笹山晴生　　口絵５上，p. 17上・下，19下
天理大学附属天理図書館　　カバー裏(『続日本紀』兼右本)
東京国立博物館・Image:TNM Image Archives　Source:http://TnmArchives.jp/
　p. 23右，67上右・下左
奈良文化財研究所　　p. 25
濱田耕作　　p. 87上・下，120上・下，122下
八女市教育委員会　　p. 67上左・下右

上記記載以外の写真は，熊本県教育委員会提供。

監修者・執筆者紹介(執筆順)

笹山　晴生　ささやま　はるお
東京大学文学部国史学科卒業。東京大学大学院人文科学研究科博士課程修了。
名古屋大学講師，同助教授，東京大学教養学部助教授，東京大学文学部助教授，同教授を経て，2003年まで学習院大学文学部史学科教授。東京大学名誉教授。専門は，日本古代史。文学博士。
主要著書：『古代国家と軍隊―皇軍と私兵の系譜―』(中公新書，1975年。講談社学術文庫，2004年)，『日本古代史講義』(東京大学出版会，1977年)，『日本古代衛府制度の研究』(東京大学出版会，1985年)など。

大田　幸博　おおた　ゆきひろ
学習院大学法学部卒業(史学部所属)。
熊本県立大津産業高校教諭，鞠智城発掘調査主任，熊本県教育庁文化課課長補佐，歴史公園鞠智城・温故創生館長を経て，現在，熊本県立装飾古墳館館長。長年，鞠智城跡の調査と整備に携わる。
主要論文：「鞠智城跡から検出された建物跡」(『古文化談叢』30(下)，九州古文化研究会，1993年)，「肥後・鞠智城」(『古代文化』第47巻第11号，古代学協会，1995年)，「鞠智城について」(『海路』第4号，「海路」編集委員会，2007年)，「鞠智城から出土した百済系菩薩立像」(季刊『古代文化』第61巻第4号，古代学協会，2010年)など。

岡田　茂弘　おかだ　しげひろ
千葉大学文理学部地学科卒業。同志社大学大学院文学研究科修士課程修了。
奈良国立文化財研究所技官，宮城県多賀城研究所長，国立歴史民俗博物館教授・考古研究部長を経て東北歴史博物館長。国立歴史民俗博物館名誉教授。専門は，日本歴史考古学。
主要著書：『多賀城』(中央公論美術出版，1977年)，『古代遺跡の旅　古代史博物館』(共著，講談社，1981年)，『古代の都を復元する』(編著，学習研究社，2002年)，『古代を考える　多賀城と古代東北』(共著，吉川弘文館，2006年)など。

佐藤　信　さとう　まこと
東京大学文学部国史学科卒業。東京大学大学院人文科学研究科修士課程修了。
奈良国立文化財研究所研究員，文化庁文化財調査官，聖心女子大学文学部助教授，東京大学文学部助教授を経て現在，東京大学大学院人文社会系研究科教授。専門は，日本古代史。文学博士。
主要著書：『日本古代の宮都と木簡』(吉川弘文館，1997年)，『古代の遺跡と文字資料』(名著刊行会，1999年)，『出土史料の古代史』(東京大学出版会，2002年)，『日本史リブレット8　古代の地方官衙と社会』(山川出版社，2007年)など。

濱田　耕策　はまだ　こうさく
北海道大学文学部史学科卒業。学習院大学大学院人文科学研究科博士課程修了。
学習院大学助手を経て，現在，九州大学大学院人文科学研究院教授。専門は，朝鮮古代史。博士(史学)。
主要著書：『渤海国興亡史』(吉川弘文館，2000年)，『新羅国史の研究―東アジア史の視点から―』(吉川弘文館，2002年)など。

古代《こだい》山城《やまじろ》 鞠智《きくち》城《じょう》を考《かんが》える——2009年《ねん》東京《とうきょう》シンポジウムの記録《きろく》

2010年11月15日　第1版第1刷印刷　　2010年11月20日　第1版第1刷発行

監修者　笹《ささ》山《やま》　晴《はる》生《お》

編　者　熊本県《くまもとけん》教育《きょういく》委員会《いいんかい》

発行者　野澤　伸平

発行所　株式会社　山川出版社

〒101-0047　東京都千代田区内神田1-13-13

電話　03(3293)8131(営業)　03(3293)8135(編集)

http://www.yamakawa.co.jp　　振替　00120-9-43993

印刷所　株式会社　太平印刷社

製本所　株式会社　手塚製本所

装　幀　菊地信義

Printed in japan　ISBN978-4-634-59068-7